いかに現状が凍りついたように見えても、そこからもっと違った未来を想像する。歴史も未来も、人間の力でつくられるものです。……

（エドワード・サイード　二〇〇一年一月三日付『朝日新聞』「新世紀を語る」清水克維編集委員のインタビューより）

目次

憲法を生きる人びと

1 沖縄を再び戦場にしてはならないと琉球絣に惚れた越後の人 松井裕子さん 7
2 海の破壊と漁村の女性史を追って「起承転々」 川口祐二さん 31
3 隠された戦争孤児を追った戦争孤児 金田茉莉さん 51
4 「平和の条」の輝きに託す無国籍の「在日サラム」 丁章さん 79
5 南京へ通いつづける接班人 山内小夜子さん 109

6　不当な命令への不服従は教員の責任　増田俊道さん　135

7　食を通して大地に「平和の種」を蒔きつづける　森山幸代さん　161

8　「五分の虫、一寸の魂」で実践する　岩場達夫さん　185

9　父の侵略責任への自責と贖罪に生涯かける　吉岡数子さん　213

10　「元・戦争ロボット」の主権者革命　原田奈翁雄さん　239

あとがき　267

（文中敬称略）

1

沖縄を再び戦場にしてはならないと琉球絣に惚れた越後の人

松井裕子さん

撮影：著者

沖縄・南風原(はえばる)は坂が目につく町である。いくつかの坂の径には淡い色の琉球絣の文様が描かれてある。「かすりの道」という。琉球絣は沖縄の伝統的な織物工芸で、そのほとんどはここ南風原町でつくられている。南風原は「琉球絣の里」である。

町の幹線道路の国道82号の街路樹の鳳凰木の朱色の花が目を射る。いつも陽射しに溢れ、温かく、南の風が吹いているような町には、しかしさやかには見えずとも沖縄戦の悲劇がここかしこに刻まれてある。

シューッ、カチャッ、カチャッ。シューッ、カチャッ、カチャッ。

高機(たかはた)に腰かけ、絹の緯糸(よこいと)を木製の杼(ひ)で経糸(たていと)の間に右から投げこみ、その同じ杼を受けて左から返すように投げ入れる。杼の動きに合わせるように足元の木のペダルをカタカタと左右交互に踏みかえる。機にセットしてある反物に経糸と緯糸が織りなして、絣独特の文様が少しずつ紡がれていく。華麗ではないが沖縄の風土の創りだした涼感の伝わってくる文様が多い。かつては幾何学用の図柄が多かったが、最近は現代的なセンスの文様も多く六〇〇種ほどにも上るが、実際に使われる文様は十数種だという。

越後・高田に生まれた松井裕子が偶然に琉球絣に出あい、魅せられたのは三〇歳のころである。織子になって南風原に住んだのは、それから二〇年ほどのちの二〇〇〇年八月だ。

「九州・沖縄サミットの抗議行動に参加した直後でしたからよく憶えているんです。いつの間にかに二〇年たちました」というが、二〇年という長さにさして感慨めいた思いはない。

琉球王府時代から南風原で伝えられてきた琉球絣は、沖縄戦で何もかもが失われ一時期途絶えてしまった。苦難をくぐって再興されたが、戦後は糸がなく糸満の漁師から漁業用のロープを売ってもらい、それを染めて、そこから琉球絣の戦後の歴史がはじまった。

昔は綿の紺絣だったが、今は絹がほとんどである。そんな歴史を松井は訥々と語る。南風原町には字が一二あり、機織り工房は本部（もとぶ）、喜屋武（きゃん）、照屋の三つの地区が中心で十数軒を数え、織子は一〇〇人ほどだ。床に座って織る地機の音がかつては集落のあちこちから聞こえていたというほど盛んだった。

シューッ、カチャッ、カチャッ。シューッ、カチャッ、カチャッ。

「ひたすらこのくり返しです」

単純な作業に見えるが、「注文されたものが同じであっても、手織りですから織子の心の状態によって微妙に違いが出るんです。ひと糸、ひと織に気持ちをこめないと。ベテランになっても時間をかけないといけません」。この工房にはもう一人織子がいたが、今は松井ひとりである。

「でも隣りに織子さんがいても話しません。話すときには手を止めないといけません」。

製織（せいしき）の技法は昔ながらの手仕事だから一日で一メートルほどしか織れない。朝九時半から二時間、午後は一時から五時半までで、週休二日で、水曜日には辺野古の新基地反対運動に参加しているので、一反（一二メートル）織りあげるには一週間から十日ほどかかる。一カ月で三反織れるかどうかだ。

「最短で一週間で織ったこともありますが、納期が決まっているわけではありませんから私はゆるゆると自分のペースでやっています」。

工房の壁際の棚に置かれてある携帯ラジオから音楽が小さく流れている。時おり襲ってくるようなＦ１５戦闘機の轟音に織機の音がかき消される。航空自衛隊も米軍と同じＦ１５戦闘機を使うようになったので、音だけではどちらかはわからないと松井はいう。

琉球絣は製品が出来上がるまでには、デザインづくりから仕上げの洗濯までを入れると分業の工程が一八もある。松井のような織子の製織は工程の最後から二番目になる。洗濯をして出来上がった反物は県の検査を受け、合格すれば証書が貼られて消費地に卸される。松井の働いている工房では、主に京都へ出しているという。

「復帰」前後は注文に応じきれないほど活況を呈していたが、現在はさほどではないそうだ。それでもかつてのように着物だけでなく、シャツ、ネクタイ、ハンカチ、財布などアイテムもずいぶん多くなっている。

「絣は糸が基本で、織りこんでいく緯糸の色は自分で決めます。かつては木綿糸でしたが、一九五五年前後に絹へ変わったようです。絹は高級感があるからでしょう。ここの工房では鹿児島と群馬の絹糸です。織っている途中で糸が切れたら大変ですが、国産の糸は丈夫です」

絹が使われているからかデパートなどで売られている製品はとても高い。織子になったころ、自分の織ったものがどんな製品になっているか見にいくようにと言われ、那覇市内の大きな店へ行った。シャツが何と四万円から五万円の値がついていて目を剥いた。思わず自身の工賃と比べてしまった。

「でも私、絣織りをするのが好きだから」と淡々としている。杼を投げ入れ、ペダルを踏みつづける松井は織をするのが嬉しくてたまらないようで頬が自然にゆるみ、口元にも笑みが浮かぶ。

「機織りを知ったときからこれは私に適しているという予感めいたものがありました」。

二〇〇〇年夏から松井は大きな工房で手ほどきを受けながら機織り技術を身に着けていったが、七年後の二〇〇七年にその工房が資金繰りに困って閉鎖されてしまった。わたしが案内された工房はだから二つ目になる。

手を休めながらそんな話を問わず語りにつづけていた松井の携帯電話が鳴った。

「そうですか、わかりました。ただ、今月から毎月第一土曜日に辺野古が復活したので、間に合えばうかがいます」

電話の主はわからないが、松井の受け応えから辺野古新基地反対運動の関係者だろう。松井は織子をしながら、辺野古新基地反対闘争に早くから積極的にかかわり、二〇一五年には地元で結成された「島ぐるみ会議・南風原」の取りまとめ役の事務局長も務めている。

しかし松井にとって沖縄は、以前は視界に入らないほど遠かった。一九六九年に静岡県立静岡女子大学（家政学部食物学科）に入ったころは、沖縄にはまったく関心がなかった。それどころか、いた。

「地理でも九州ぐらいまでしか知らなかった」と正直だ。沖縄が「復帰」する直前である。だが隣接の静岡大学で学んでいた沖縄の「留学生」と交流するようになって彼女の中で沖縄が少し近づいた。

松井が沖縄へ初めて行ったのは一九八二年の五月の連休明けのころだった。パートナーと一緒の一週間の沖縄旅行では、一九七〇年代初めのCTS（石油備蓄基地）反対闘争で知っていた沖縄本島の東海岸の金武湾（きんわん）がどうなっているかを見に行き、那覇市の与儀公園で開かれていた「復帰」一〇周年の糾弾抗議集会に参加するなどいわゆる観光コースめぐりはしていない。それでも松井の感覚では「観光旅行でした」。そのころには大田昌秀の沖縄戦関係の写真集などを読んでいたが、摩文仁（まぶに）の丘以外は行ってなかったから。

この沖縄旅行で琉球絣とのかすかな出あいがあった。「立ち寄った土産物屋で、ふと眼に止まったのが絣織の小物でした。それがポーチだったのか財布だったのかは思い出せないのですが、ああいいなあ、こんな織物の仕事をやってみたいなあ」。琉球絣との出会いはほんの一瞬だったが、きちっとした仕事を持ってこなかった松井の心に澱となって残った。

初めての沖縄行から一三年後、大事件が起きる。

一九九五年九月四日、沖縄の北部の町で小学六年生の少女が米海兵隊員三人によって暴行されたのである。報じられたのは四日後の九月八日だった。「ショックでした……」とことばを切って、「あれから二五年になりますが、新聞に載った大田知事のゆがんだ顔がとてもインパクトがあって」と松井は記憶の映写機を回す。「それと女子大時代に知った沖縄からの留学生の顔が浮かびました」。

二人の娘のうち上の子は当時一二歳で、被害者と同じ年ごろだった。「いてもたってもいられなくなって」、米軍基地が彼女に圧しかかってくるようだった。基地があるからかくも耐え難い事件がくりかえされる、何とかしなければ、でも自分に何が出来るか。そうだ、いつだったか新聞に出ていた一坪反戦地主会関東ブロックの記事をメモしていたことを思い出して、思い切って電話をかけた。

「皆さんが何かやられるなら、私もやりたいと思いますので、ぜひ加えて下さい」

松井は積極的だった。一坪反戦地主運動は軍用地取り戻しを支援するのが主な目的で八二年に結成された。松井の電話を受けた段階では関東ブロックは「大変な事件だが」、具体的な取り組みの予定はなかったようだった。しかし松井の一本の電話に押された。

九月二五日から米大使館前で抗議の座りこみがはじまった。当時の新聞には「一坪地主ら座り込み」の見出しで関東ブロックのメンバーら四〇人が抗議の座りこみをしたと報じている。四〇人のなかに松井もいた。「よっぴの座りこみでした」。大使館前で彼女が「米軍は米兵を引き渡せ」のゼッケンをかけている写真を見せてもらった。現在より少し尖った感じもする。この座りこみから関東ブロックが受け皿になって集会などが行われるようなり、松井は東京での運動の中心メンバーの一人になっていった。

「私の電話がきっかけだったのですが、おせっかいだったかもしれません。でもよかったと思っています。いつか沖縄とつながりたいと思っていたので、関東ブロック代表の上原成信さん（故人）とも知り合えましたから」と納得している。上原に勧められて松井も一坪反戦地主になった。「普天間のそばで、五人で一坪ですから、ハンカチ地主って言われて」と首をすくめて、くすっと笑った。

一九九五年は阪神・淡路大震災、地下鉄サリン事件、敗戦五〇年国会決議など戦後史の画期となる事件や出来事が相次いだが、沖縄の少女暴行事件はその後の新基地建設だけでなく、今なお未決の問題としてありつづけている。子育てをしていた松井にとっても九五年は大きな転機になった。体が自動滑車のようにぐるぐる回った。東京での集会などだけではなく、現場に行かねばと、しばしば沖縄へ飛んだ。八二年の沖縄旅行から一五年ぶりで行ったのが九七年初めだった。

「たしか一月だったと記憶していますが、反戦地主会の方に辺野古へ連れて行ってもらいました。普天間の代替基地がまだ形になる前でした。そのとき会った辺野古のおじいさん、たしか「嘉陽（かよう）のおじい」といわれていた人に基地は絶対にイヤだ、何とかよろしくお願いしますって、何度も頭を下げられて。キャンプシュワブが目の前にあって、後ろに新しい基地ができれば辺野古の小さな集落は飲みこまれてしまう、これはもう絶対に許せない、そう思ったら「嘉陽のおじい」の切羽詰まったことばがとても身に沁みてきて。あっ、自分はまたここへ来るかもしれないなという予感がしたんです」

予感どおり松井は同じ年の八月に名護市で始まった住民投票条例制定運動の手伝いに一週間行った。ついで一二月二一日の住民投票実施のときも名護に滞在している。いずれも単独行だ。住民投票では新基地反対が五二・八五％で「あの結果を尊重していれば、現在のようにならなかったのに」と松井は今でも悔しくてならない。

そのころ、新基地の候補地は辺野古だけでなくいくつかが取りざたされ、その一つに勝連半島があった。沖縄でも陸の孤島といわれる不便なところだったが、松井はすぐに勝連まで飛んで地元の住民大会に参加している。九八年八月の「お盆の時期」だった。ふらりと行って、地元の見知らぬ家に泊めてもらった。

九九年夏には、防衛庁が買い上げて住民が出て行き、虫食い状態になっていると聞いていた北谷（ちゃたん）の砂辺地区へ行った。「自分の目で現地を見たかったんです」。

こうして松井が九七年から毎年沖縄へ行くようになったのは、とにかく現地へ行って肌で感じたいと思ったからである。「私は、現場主義ですから」。松井がしばしば口にすることばだ。九五年の少女暴行事件が契機になって東京での基地撤去や新基地反対などに積極的にかかわるようになった松井だったが、だんだん落ち着かなくなる。違和感さえ抱くようになる。

「沖縄の問題の実際はよくわかっていないのに、東京でそれを代弁しているかのような立場にとても居心地が悪くなって。しかも自分はウチナンチューでもないし……そういうもやもやした気分がどんどん大きくなって、現場に立たないと安保も見えない、わからないと思ったんです」

九七年からの五回の沖縄行はそのためでもあった。それでも旅人の域は越えられない。

だが機会がめぐってきた。九九年夏に北谷の砂辺地区へ行った帰りである。「めったに見ないガイドブックか何かで南風原に『琉球かすり会館』があるのを知って、見学のつもりで行ったんです」。初めての沖縄旅行で琉球絣を見て、やってみたいと思ってから一七年後だった。

「かすり会館」を訪ねたところ、沖縄県が琉球絣の後継者養成の受講生を募集していると教えられた。ただこの年の募集はすでに締め切られていた。落胆したが、受講生は翌年も募集すると教えられ松井はすぐに決心した。

決して饒舌ではない、いくぶん重い感じの語り口からは想像しにくいが、松井は決断が早く、行動も軽やかだった。二〇〇〇年五月、早くも南風原町内にアパートを確保し養成講座に応募したのである。二〇人の募集に四〇人ほどが応募し、もれてしまった。「やはり県の伝統工芸の後継者を育てるのですから、県外者がもれても仕方がなかったのでしょう」。

後継者養成講座は半年間で基礎からびっしり教えてもらえる。その道はあきらめねばならない。どうするか。講習の担当者が、町内の工房に直接に掛け合えば入れてもらえることもあると教えてくれた。「アパートのおばさんに事情を話したら、うまい具合に大きな工房を紹介してくれました」。その工房は琉球絣では非常に有名で、十数人の織子をかかえて手広くやっていた。

念願かなって琉球絣の織子の道を歩みはじめることになった。だが当時、二人の娘は高校二年生と中学生二年生だった。パートナーは学生時代からつき合っていたシステム・エンジニアである。多くの女性、まして高校受験や大学受験を控えている子どもがいれば、鳥のように自由には飛び立ちかねつとあきらめるだろう。母の松井は家族に沖縄で暮らす思いを話した。二人の子どもたちは母親の決心にどう応じたのだろう。夫は妻の単身での沖縄行きに賛成したのだろうか？

「下の娘は、私が言うのも変ですが、なかなかしっかりしていて、お母さんは自由が好きだから、と。これには私もなんだか感心してしまいましたが、上の子には泣かれてしまって……私が家を出たのは一八歳でしたから、本当は二人が一八歳になるまではと思ったのですが、五〇歳前だし、今やらないと諦めてしまって一生後悔すると思ったんです。だからほとんど宣言のようなものでした。顰蹙を受けてもと……。夫ですか？ずっとつき合ってきて言い出したらきかないだろうし、まあしょうがないなあ、そんな感じだったようです」

四九歳の松井裕子の新しい旅立ち？と問うと、

「いえ、そんな大仰ではありませんでした」。たしかに松井にはどこにも気張った感じがなく、語り口も淡々としている。体がすっすっと動く。

バッグ一つで沖縄暮らしをはじめた彼女は「食生活などもとことんケチって」飛行機代に充てた。一カ月に一回帰京し、いつも一週間は滞在した。

「二人が大学に行くまではと。一時はクローン人間みたいに私が二人いればと思ったこともあります。そんなにしょっちゅう帰って何のためにこっちに住んでるのって大家さんに呆れられました」と、このときばかりは笑いこけた。

「でも私のできるぎりぎりのことでした」。今では二人の娘は結婚し、孫のいるおばあちゃんである。

それにしても、自分の人生を自己決定して生ききれる人はそうはいないだろう。

こんな経過を聞くと、松井は基地問題にかかわるために沖縄での仕事を探していたのかとわたしは思ったが、そうではなく「二本立てです」。九九年夏に琉球絣に「再会」出来たのは、松井からすれば必然だった。「琉球絣こそ一生やりたい仕事だと思ったんです。私は長年、自分にあった仕事を探していたんです。それが琉球絣でした」。

松井は大学を出てから、ほぼ五年、大阪、広島、東京、埼玉、枚方などで書店員、飯場の飯炊き、喫茶店員、工場労働者、印刷会社社員、弁当販売員、牛丼店員などアルバイトやパートなどずっと細切れの仕事ばかりをしてきた。そうしなければならない環境、状況だったのだが、それだけに最後に自分のやりたい生涯の仕事を求めていたのだ。

「ですから私には、基地問題と琉球絣は二本立てなんです。やらねばならないことと生涯の仕事なんですから」

ところが松井は、沖縄に住んで間もなく予期しない問題にかかわることになった。

彫刻家で戦死者遺児の金城実の呼びかけで二〇〇二年に小泉純一郎首相の靖国神社参拝違憲訴

訟が起こされた。沖縄で靖国訴訟が起きたのは初めてである。その訴訟の事務局を手伝ってほしいと、彼女の一年前に東京から移り住んでいた山口洋子に頼まれる。松井は二つ返事で引き受け、原告にもなった。

「山口さんは製版会社を経営していて、九八年に沖縄の女性たちが「基地はいらんかねぇ」と、東京でパフォーマンスなどをしたとき以来の知り合いでした。そのころの私は憲法に疎かったのですが、彼女は憲法にとても関心があって『51年目のあたらしい憲法のはなし』を出しています。私が沖縄で暮らすようになってからずっと世話になっていました」。小泉首相の参拝には戦死者を利用しているとは思ったが、まさか沖縄で、基地問題ではなく靖国訴訟にかかわり、事務局だけでなく原告にまでなるとは思いもよらなかった。

東京にいるころ一度、靖國神社へ行ったことはある。大鳥居の威圧感に生理的な嫌悪感を持ったぐらいで、深い関心はなかった。学生運動を長くしていたから、日米安保に反対し、帝国主義に反対してはいたが、憲法や司法は民衆支配の装置だと無視していた。憲法第九条は高校時代に知った程度だった。

靖国違憲訴訟の軸である信教の自由や政教分離原則についても、憲法にそんな規定があることも知らなかった。「生まれ育った家は浄土真宗でしたが、自分には関係ありませんでした。それに私は無神論者でしたから」。

松井はしかし事務局を引き受けたからにはまず条文を身につけねばと、信教の自由と政教分離原則を規定した憲法第二〇条の一項から三項までの全文を「立て看」に書くように大書した貼り紙をこさえて住まいの一室に掲げた。「それを毎日、朝な夕な読みました。絣の仕事をする前にね」。

沖縄靖国訴訟の事務局で手伝い、原告になってかかわっていくうちに松井は、靖国問題が基地問題の前から関心のあった沖縄戦、さらに子どものころから小さなシミのようにあった故郷の新潟・高田の叔父（父の兄）の戦死がつながっていることに気づいていく。

戦争で無残に死んでいった人たち、しかも叔父のように遺骨も戻されない戦死者を国家が英霊として顕彰し、「靖国の神」に祭り上げて合祀し、その神社に天皇や首相が参拝するのは、つまるところ国家の戦争責任を回避し、再びの戦争に動員するためなのだという巧妙な仕組みになっていることを知った。

沖縄の靖国訴訟は最高裁で敗訴するが、二〇〇八年には沖縄戦の遺族らが靖國神社に祀られている肉親の合祀取消しを求める訴訟を起こした。靖國神社は厚生省（現厚労省）の協力で二四六万余の戦死者を遺族の了解なく合祀をし、その合祀が靖國神社の根幹をなしていたから、この訴訟は靖国問題の核心を衝く問いかけだった。すでに大阪でも九人の遺族が同種の訴えを先行して起こし、また韓国の遺族らも東京地裁にほぼ同じ訴訟を提起していた。

松井は沖縄の合祀取消し訴訟でも事務局を手伝うが、小泉参拝違憲訴訟のときとちがって問題がずっと切実で、わが身のことのように近づいた。

合祀取消し訴訟の準備が進められていた二〇〇七年、松井は叔父の合祀が気になって靖國神社に問い合わせたところ、一九五四年一〇月一七日に合祀されていたことがわかった。遺族である松井も原告になれたが、沖縄の合祀取消し訴訟の原告はウチナンチューに絞っていた。「でも、叔父の合祀がはっきりしたのでこの訴訟はとても身近になりました」。

靖国問題の核心を問う合祀取消し訴訟はしかし、首相の参拝違憲訴訟と同じように二〇一三年に最高裁で敗訴が確定した。その前に大阪訴訟も敗訴が確定していた。いずれも司法は遺族らの訴えを歯牙にもかけなかった。かつて司法に何の期待もしていなかった松井だが、二つの訴訟とその敗訴を経験していくつか気づかされもし、発見もした。

「学校教育ではやらなかった憲法第二〇条が人びとを戦争へ動員していくことを阻止するためにとても重要な規定だと知ったことは、とっても遅かったけれど靖国裁判にかかわらなければ気づきませんでした。二〇条だけでなく、両隣の集会、結社、表現の自由などを規定している第二一条や思想良心の自由を保障している第一九条もやはり戦争への道を阻止する防波堤としてあることも知りました。山口さんに誘われて手伝って、迫られて気づかされたこともありますが、本当にやってよかった」

それでも二つの敗訴で裁判へのある種の「虚しさ」がなかったと言えばウソになる。でも敗訴後にある人から言われたことばで、もやっとした気分が晴れていった。

「負けたとしても、裁判を起こすことによって記録を残すことが出来ると。たしかにそうだと思いましたね。それに合祀はイヤだという思いは、裁判をすることで伝えることができると。違和を伝えるってとっても大切なんだと知りました」。違和の声を上げると意外にそれが注目されることも教えられたという。

「原告に名乗りを上げた人は少なかったのですが、沖縄戦という島全体の記憶のなかでみんな訴訟を見守っていたと思うんです」。松井はそう言って一審判決後に『沖縄タイムス』に掲載された「時事漫評」のコピーを見せてくれた。戦死者の魂（マブイ）が靖國神社に拉致されているのに、逃げてしまった判決を「さわらぬ神にたたりなし」と司法を皮肉る漫画だった。

松井が沖縄の合祀取消し訴訟のニュース1号からずっと一人で書きつづけたのは、彼女の強い責任感だけでなく、叔父の戦死と靖国合祀、つまり戦争と靖国が一体となっていることを知ったからである。松井の原点は「よく考えると、基地問題より前に戦争がありました」。

新潟県高田市は平野だが有数の豪雪地帯である。一九五一年に生まれた松井の少女時代には、三メートルも積ることは珍しくなかった。重く鈍い色の空から初雪が一一月ごろに舞い落ち、しばらくする根雪になるように積りはじめると、少女の心は閉ざされたようになる。だから春が待ち遠しくてならなかった。中学校の修学旅行で見た東京の空がなんと青かったことか――

窒息しそうな閉じ込められたところから脱出したい、親からも離れたい。松井が大学進学で選んだのは雪にはまったく縁のない温暖な地、静岡だった。「本当は高知に行きたかった」が、新潟からはあまりに遠くあきらめた。

「この子、ちょっと変っているね」。子どもころによそのおばさんから言われていたそうだが、それはどういうところだったのか本人にもよくわからないが、小さなころから戦争に関心を抱いたからかもしれない。

家には戦争にかかわるようなものがいくつかあったのを覚えている。長く使っていた米櫃が弾薬箱だった。「南京入城紀念」の印鑑もあったという。松井の父は、ほとんど語りはしなかったが、戦争体験者だった。日中戦争で高田聯隊から中国大陸へ派遣されている。一九一四年生まれでカメラ好きの父のアルバムに戦地での写真が何枚かあった。そのうちの一枚が、松井の記憶の映写機に記録されてある。兵士がしゃれこうべをぶら下げている写真だ。わたしは一瞬、ぎょっとした。南京事件が頭を過ぎったからだ。

「マッチ箱のような小さな写真でしたが、不気味でした。ずっとあとでの知識や認識からすればとてもヤバイ写真でしたが、子どものころはただ気持ちが悪かった」。この記憶は松井が「戦争になると人間がどうなるか」という深い問いとつながり、強烈な衝撃を受けた原一男の凄まじくも出色のドキュメンタリー映画『ゆきゆきて、神軍』(一九八七年)と重なった。

子どもの松井の心が戦争に向いたのは、そうしたモノではなく、毎年、お盆のときの家族ぐるみの墓参で目にしていた叔父の墓の墓誌だった。父は三人兄弟で、上の二人も召集され、戦死したのが長兄である。墓誌に記されていた「アドミラルテイ諸島ロスネグロス島」という「子どもの地球儀」ではどこかわからない島と、「勇戦奮闘遂ニ玉砕ス」がいつまでも胸郭に引っかかった。「玉砕」の意味を知るのは後年である。

叔父の遺骨はない。叔父はどのようにして亡くなったのか、勇猛に闘ったのか、玉砕なのか、アドミラルティ諸島とはどんなところなのか。叔父の弟の父は一言も話さなかった——松井の疑問は靖国訴訟に関わったことからいっそう大きく膨らんだ。

松井の探求心が疼き、読売新聞大阪本社社会部がつづけていたシリーズ「新聞記者が語りつぐ戦争」のシリーズをまとめた一冊『アドミラルティ諸島』（新風書房、一九九三年）を見つけた。叔父が果てたと伝えられている諸島が南太平洋の孤島だったこと、全滅ではなく、生還者が七五人いたこと、そのうちの何人かがすさまじい戦争の実相を証言していた。松井は嘗めるように同書を読んだ。だが「満洲」に派遣されていた叔父が水上勤務第三一中隊の一員として釜山からアドミラルティ諸島へ行かされて以後の詳細はわからなかった。二〇〇七年に旧陸軍の戦史資料などを所蔵している「靖國偕行文庫」まで調査に行った。そこでおおよそのところはわかったが、叔父がどこでどう亡くなったのかはどうしても突き止められなかった。ただ防衛庁戦史室の「戦史」には、「五月三一日、全員玉砕したものと見なして事務を処理した」とあった。墓誌の叔父の死亡年月日は、これによっていたようだ。これ以上のことはわからなかった。「現場主義」の松井は、パプアニューギニアになっている現場に「行ってみたい」。

松井の戦争への強い関心は叔父の戦死から沖縄戦へと延びていった。

南風原町は沖縄戦では「戦場の村」になった。首里を撤退して南部へ敗走する将兵と巻きこまれた多数の住民に米軍が「鉄の暴風」の砲弾を陸、海、空から見舞った。わたしが松井の工房を訪ねた折りに下車したバス停の兼城十字路（かねぐすく）は「死の十字路」と語り伝えられている。中部から逃げてきた住民が爆撃され、死体が石垣のように高く積み上げられたので、そう名づけられている。松井は工房への道すがら問わず語りにそう教えてくれた。さらに松井はつづけた。

兼城十字路から町役場へ向かう国道82号沿いにある南風原小学校と中学校は、かつて南風原国民学校だった。一九四四年一〇月一〇日の「一〇・一〇空襲」で大打撃を受けた第32軍直属の陸軍病院が移動して、国民学校は南風原陸軍病院になった。この陸軍病院も四五年三月の空襲で焼けて、国民学校の南にある黄金森（こがねもり）に掘られた長さ約七〇メートルの壕を南風原病院壕とし、ひめゆり学徒隊の女学生らが傷病兵の看護に当ったが、この病院壕での凄惨な出来事は沖縄戦の実相を語る一つである――松井はその壕で平和ガイドをしている。

靖国訴訟にかかわっていた二〇〇七年、二つ目の工房へ入る直前に南風原町平和ガイドになった。すでに一期生（〇六年）が六〇人おり、彼女は二期生九人のうちの一人である。「沖縄戦については いろんな本を読んではいましたが、もっと知らなければと思っていました。私の原点の一つである戦争、そして沖縄戦はここに住んだ以上、当然でした。病院壕のあった黄金森は私の住まいからよく見えました。そうだ平和ガイドになろうと」。ガイドになるためにフィールドワークや体験者の証言などの講習をみっちり受けた。

平和ガイドになって一三年になるが、沖縄戦の巨大さと底なしの深さに圧倒されている。

「本で読んで知ったかぶりをしていたことが恥ずかしかった。通り一遍の知識では何もわかっていない、話せない。自分は何も知らなかったことをいやというほど教えられました。沖縄戦ではあらゆる事態が起こされていました。証言を聴き、現場へ行って、知れば知るほど底なしの沼のように深く、涯のないほど広いということを」。松井はさらにことばを継ぐ。

「沖縄戦では二三万人が亡くなったといわれていますが、そこには二三万とおりの沖縄戦があったのです。ですから沖縄に住むまでは『慰霊の日』の6・23というと、南部の戦跡辺りのことしか思い浮かばなかったのですが、よく知れば巻きこまれなかった人はいなかったし、あらゆるところが戦場になりました。小さいながらも各地で慰霊祭が行われつづけていることがそのことを語っています。本土からは6・23しか見えていないのです。私もそうでした」

南風原町平和ガイドは黄金森の病院壕（第20号壕）が中心だが、松井はそれにとどまってはいなかった。二〇一九年からは南部の数百と伝えられるガマ（自然壕）中心の戦跡ガイドもするようになった。これは沖縄県観光ボランティアガイド友の会に属するガイドで、やはりみっちり講習を受けた。ガイドが出来るガマは限られてはいるが、南部のガマは南風原陸軍壕よりはるかに大変だった。松井は住民と日本兵がごっちゃになって逃げたわずか七平方キロに一三万人もがひしめいた南部での女性の証言者からのこんな話を聞く。

「夜中なのに県庁通りの雑踏の中にいるみたいでした。まっくらな田舎道なのに。住民は何の情報も持っていない。どこが安全なところかわからないから、ただウロウロと、右往左往するだけでした」

体験者から知られざる沖縄戦の襞を教えられた松井はしみじみ思う。「沖縄戦は七五年たった今でもまだわからないことがたくさんあります。ガマの中でも何があったのかも」。

平和ガイドの対象はほとんどが修学旅行生ら一〇代だが、こんなひどいことがあったという事実を語るだけでなく、沖縄戦で起きたことが若い世代のこれからにシビアにかかわってくるかもしれないということを伝えたいし、その想像力を持ってほしいと願う。

「安保法制や国民保護法などいろんな戦争準備の法体制が整備され、いざ何かが動き始めると、それらの法体制の全部が動き出します。沖縄戦はだから昔あった大変なことというだけでなく、現在に深くかかわっているのだということを若い人たちに気づいてほしいのです」。沖縄戦の平和ガイドをしているのはそのためでもある。

松井が辺野古の新基地建設に反対するのは沖縄戦とつながっているからだ。沖縄に住んで一生の仕事という琉球絣をしながら、最初に靖国訴訟に関わり、二〇〇四年四月一九日から始まった辺野古新基地反対の闘いでは、ボーリング調査阻止のために海上でカヌーに乗って抗議行動にも参加した。

「雪国の生まれ育ちですからカヌーなんてぜんぜん。教えてもらったんですよ」。三年ほど乗ったが、「もう体力がなくなって」今は陸に上がって闘っている。埋め立て用の土砂搬入への抗議行動を、『島ぐるみ・南風原」の仲間たちと毎週一回二時間ほどかけて、名護市安和まで行っている（二〇二〇年一〇月現在）。

九月末日の小雨のぱらつく早朝、松井らの「島ぐるみ・南風原」の八人ほどの仲間と土砂搬入の抗議行動にわたしも同行した。埋立て用の土砂を満載したダンプカーが数珠つなぎで琉球セメントの安和桟橋に運びこむのをストップさせるのが目的だ。だがダンプカーに体当たりすることもできないので、ダンプカーの運転手に「ジュゴンを殺すな」「美ら海を壊すな」などのプラカードを見せ、抗議の声を上げる、とても静かな阻止行動である。それなのに沖縄県警は挑発的な警備をしていた。

ジーンズをはき、黒いマスクをして帽子をかぶり、プラカードをダンプカーの前で運転手に見せて牛歩のようにゆっくり歩いて、抗議の声を上げつづける松井の姿に琉球絣の織子とはちがう彼女がいた。わたしが参加したのは、ほんのわずかな時間でしかない。しかしそこで見た、聞いた松井の抗議のスタイルは、絶叫するでもなく、アジるのでもない。静かである。そこにかえって松井の意思の勁さを感じる。

「島ぐるみ・南風原」のメンバーの一人が後日、こう言ってわたしの観方にうなずいた。「松井さんは他の人が怒っていても、いつも静かな口調で話すんです。そう淡々としているんです」。

わたしが沖縄を離れる前日、松井は自ら琉球絣と基地反対の闘いをつづけている「二本立ての」思いを珍しくやや熱っぽくこう話すのだった。

「私は、何になりたいかではなく、どう生きたいかという問いを持っているから、基地反対の闘いにかかわりつづけ、琉球絣をやりつづけたい。お金を稼ぐだけなら織子でなく、ほかの仕事のほうがうんと良いかもしれないけど、絣のような満足度はないと思う。絣は、趣味でやっているのではなく、これで生活しているという矜持があるの。私には」

二〇二一年の初めにもらった手紙には、東京から沖縄に住むようになった県民の一人としての思いを綴っている。

――関東での一坪反戦地主を支えることに始まり、安保の現場に移ってからは憲法、ヤスクニ、軍事基地、それぞれ、並行して抱えている問題にかかわってきましたが、根っこのところでは、つながっていると思います。日本を再び侵略の国にしてはならないし、沖縄を南の守りとして再び戦場にすることがあってはならないと思います。沖縄戦の教訓からしても軍隊とは共生できないという住民の意思が国の「専管事項」より優先されねばなりません。新基地建設を止めることで実現したいと思います。

この手紙の末尾に「この間、辺野古埋立て土砂を南部から七割もの量を採取するという申請が出されており、骨のたくさん埋まった土砂を軍事基地に使うなと抗議の声があがっています」と書き添えられていた。「南部の骨」とはむろん、沖縄戦で亡くなった人びとのそれである。沖縄戦と新基地建設――

身体と精神のフットワークが軽く、あっけらかんとした潔さと行動力で、琉球で生きる松井の「二本立て」は、これからもつづくだろう。

2　海の破壊と漁村の女性史を追って「起承転々」

川口祐二さん

提供：川口裕二さん

川口祐二は漁村の女たちの戦前・戦後の聞き書きを三〇年以上つづけている記録作家である。訪れた漁村は沖縄・西表島から北海道・礼文島まで全国で約五〇〇カ所、出あった海の民は八〇〇人を超える。ほとんどが海と共に生きてきた女性である。このうち海女はおよそ二〇〇人に上る。これほど多くの海女の聞き書きをしてきた人はおそらくいない。単著だけでも三十数冊に上る漁村の女性たちの聞き書きの記録は、戦争に翻弄された漁村の女性史であり、経済活動や生活スタイルの変化などでよって壊れていく海の近現代史になっている。

わたしが川口の住まう三重県南部の静かな漁村、度会郡南伊勢町五ヶ所浦を訪れたのは梅雨が明けやらぬ二〇二〇年の六月尽だった。

近鉄宇治山田駅からバスでおよそ一時間、終点の五ヶ所浦に着く。バスターミナル前の国道二六〇号を隔ててすぐ前が、五ヶ所湾につづく入江の漁港である。バスの終点から一五〇メートルばかり細い坂道を上った高台に川口の自宅があった。雨もようだが風はやわらかい。

坂の上から振り返ると、小ぬか雨に霞んだ波もない入江が池のようだ。「湾の奥の入江までは熊野灘の豊かな海水は流れてこないんです。ですから池のようによどんだ感じになるんです。冬でも水温は一〇℃を下がりません。これが養殖に適していたのです」。漁業を知らぬわたしに川口は丁寧だ。

しきりにウグイスの啼き声がする。「地球温暖化の影響だと思いますが、最近では今ごろでも啼いています。遅いと八月の盆のころまで啼いていて、季語が混乱しますよ」。俳句好きの川口はウグイスに罪はないけれど、とことばを添えた。

「獅子島はどこですか」

庭に面した居間から見えるいくつかの小さな島に目をやって訊いた。

「右手に二つ島が見えるでしょう。手前の島が獅子島です。近いですよ。二〇〇（メートル）ぐらいでしょう。ええ、泳いで行けますよ」

わたしが獅子島の名を口にしたのは、二〇一一年三月一一日の津波と原発事故のために東北地方に壊滅的な被害を与えた巨大地震が起きたとき、熊野灘にも二時間ほど遅れて来た津波のことを川口がある本の中で書いていたから。

「四時二五分であっただろう。津波はハマシンジョウの咲く獅子島のまわりでゆるく渦を巻きあげた」。川口は五ヶ所湾が視界に入る庭先に立ってその渦を見ていた。獅子島は可憐な紫の花、ハマシンジョウの自生北限地である。

川口はつづけて波は静かに沖へ去って行ったと記している。その渦を見て川口は、敗戦末期の一九四四年一二月七日に襲った東南海地震の折りの津波と重ねた。地震の直後、教室を飛び出し先生に指示されて高台まで一目散で走った。大津波が熊野灘の沖から海を持ち上げるようにして三度も押し寄せてきたのが見えた。恐ろしかった。五ヶ所湾の外洋に面した小さな漁村の国民学校六年生のころで、一二歳の少年にはその光景は限りなく美しかった海のもう一つの貌だった。

「おい、川口つぁんよ、この白い泡、いつまでも消えへんなあ。洗剤の泡とちがうんか」

一九七三年の正月明けのころだった。真珠養殖を手広くやり、豆腐屋も営んでいた漁師の幸田隆（故人）が岸壁の水路口から海に流れて出ている泡を指さした。隣りにいた川口に問うような口調だった。

「うーん。そうかもしれませんね」

南勢町企画課長の川口は相槌を打つように応じたが、歯切れは良くなかった。川口は産業課にいた時代の六九年から、水産庁の指導でアワビの稚貝の人口採卵事業を進めた。「専門外のことで必死に勉強してね」。最初の二年はすこぶる順調だったが、七二年ごろからがくんと稚貝の採卵個数が落ち、当初の六万五〇〇〇個が三年後には六四〇〇個と激減した。

五ヶ所湾では六〇年代半ば過ぎから富栄養化による赤潮がしばしば発生し、恵まれた熊野の海は「赤い海」とまで言われるようになっていた。七〇年代に入ると赤潮は「日常茶飯事になっていました」。川口は企画課の公害関係を担当していたが、原因が何によるのかわからず困惑していた。当時家庭用の合成洗剤が普及し、町内のほとんどの家庭で使われるようになり、その家庭排水が二〇本ほどあった水路から海に流されていた。川口も合成洗剤が怪しいなとは思っていたが、確証はなかったので曖昧に応じるしかなかった。

幸田のことばを聞いたとき、川口はそういえばと、数年前にアワビやサザエをとる別の漁師のつぶやきを思い出した。

「最近、急に海藻が取れんようになった、磯も焼けて、坊主頭みたいや。近ごろはやりの合成洗剤のせいとちがうか」。漁師の疑いは、海に生きる民の直感だった。実はそのころ—六五年ごろ—から、研究者らの間では合成洗剤の毒性が指摘されていたのだが、三重県南部の漁村にまでは届いていていなかった。

川口が赤潮の原因を合成洗剤と断定することを躊躇ったのは、産業課時代に農林省の指導で大規模ミカンの栽培を町で推奨し、一五〇戸ほどの農家がそれに乗ったことと関係していた。ミカン栽培は大量の農薬を使う。その農薬も水路から海に流れこんでいたのだ。だからアワビの稚貝の激減は農薬もあり得るのではないかと考えたのだ。だがあの白い泡はやはり洗剤ではないか——漁村生まれの川口は何とか海を救いたかった。

幸田の指摘から二カ月後の三月下旬のある日曜日、読書家の川口は二時間以上かかる名古屋の丸善まで本を買いに出かけた。その帰りだった。通りがかった名古屋の科学博物館前に掲示されていた「科学技術映画コンクール入賞作品上映会」が目に留まった。商学部出身の川口は、科学にはさして興味はなかったが、「何かに引っ張られるように入ったんです」。入場無料だった。

短編の映画が何本か上映された。

そのうちの一本が「中性洗剤を追求する」だった。三重大学医学部解剖学教室が主体になって制作された映画で合成洗剤の一種の中性洗剤の催奇性を科学的に論証した作品で、川口は思わず身を乗り出し、食い入るように観た。映画は一〇分ほどだったが、科学的に論理的に合成洗剤の毒性を語っていた。そうかやっぱり合成洗剤か――。

「映画では、赤潮と合成洗剤の関係についてはほんの少ししか触れていませんでしたが、私はこれだと思いました。もの言わぬ海の声を聞いたような気がしました」。映画を観たときの興奮が半世紀近くたっても甦ってくるように川口の声が高くなった。映画の監修者は解剖学者の三重大学教授三上美樹（後に学長）で、のちに川口の良きアドバイザーとなる。

川口の行動は速かった。映画を観た翌日、助役に映画の購入を訴えた。一二万円だったが、予備費から捻出することで映画の購入が決まった。川口は漁協などの協力を求め、海を蘇らせるために合成洗剤の恐ろしさを知ってもらい、同時に石けんに切り替えるよう呼びかけた。

「県がやらなくても、自分の町の住民に必要ならためらわずにやっていこう」。住民運動ではなく、町が先頭に立って合成洗剤追放・石けん切り替え運動をはじめたのは「たぶん全国では最初でした」。役人らしからぬ行動力だった。

七三年、アワビの採卵個数はついにゼロになってしまった。

小さな役場は職員が少ない。川口は社会教育主事に手伝ったもらい、毎晩のように映画と重い映写機を担いで日常業務が終わってから漁協やその婦人部、そして全町内を巡回した。六〇〇戸の大集落からわずか一三戸の小さな集落まで一九の全集落を一つひとつ回り、給食のある保育所、幼稚園、中学校などへも行った。集会場のないところでは寺の本堂を借り、スクリーンの代わりにシーツのような白い布を使って映画を上映し、川口が木魚の傍で赤潮や洗剤のことを話しつづけた。

川口が最初に行ったのは七〇戸ほどの下津浦（しもつうら）という集落だった。運動を開始したころの日誌がある。川口が四一歳のころだ。省略しながら少し読んでみる。

「雨が降っていた。漁協の二階に、足元をぬらした人たちが三々五々集まってきて思わぬ盛会になった。人々のまなざしは、白布で急ごしらえしたスクリーンにすいつけられている。赤潮という現象を経験しているものにとっては、あの洗剤の泡で真っ白になっている都市の河川を見せつけられて、他人事でなく、身近な現実として受けとめられた。むつかしいことは何一つしゃべらず、ただ、われわれの住む地域は、まずわれわれの手でよい環境にしよう、赤潮を出さないように努力することが緊急なのだから、みんな手をたずさえて実行できるところに手をつけてゆこう、と話しかけた」

この夜、帰りがけには大雨のために崖崩れが起こり、道路が寸断され、「重い映写機を二人で持って、崩れ落ちた土石の山の中をあえいで、タクシーに乗りついだのだった」。

こんな夜の巡回活動をくり返した。映画を観て、海を取り戻したいという川口の話を聞いてくれる人たちのほとんどは女性たちだった。映像の訴求力と迫力は大きかった。海で生きている人びとだけでなく、農家も無関係ではないことが知られるようになり、運動は乾いた大地に水が染みていくように広まっていった。粉石けんの消費量が増え、漁協は店先きに粉石けんの袋を積んだ。

オイルショックで一時期、合成洗剤だけでなく、石けんも市場から姿を消して、運動は急ブレーキがかかったが、めげずに川口は小柄な体でエネルギッシュに走り回った。町内だけでなく、県内各地を歩きつづけた。全国的にも三重県南勢町の合成洗剤追放運動は知られていき、川口は県外へも出かけるようになった。いつの間にか川口に「石けん課長」という名までついた。

企画課長時代のほぼ七年間、川口は運動の牽引車だった。しかし石けんの普及率はなかなか伸びず、町内でも四〇%そこそこが最高だったという。粉石けんは汚れが落ちにくい、黄ばんだ色になる、臭いがいやだなどという人たちが少なくなかった。

加えて一九七九年七月、琵琶湖の富栄養化を防ぐために滋賀県がリンをふくむ家庭用合成洗剤の使用を禁止する琵琶湖条例を制定（八〇年施行）し、無リンの合成洗剤が開発され、川口らの運動は急速に勢いを失っていった。

川口はしかし、企画課を離れても、廃食油を使った石けんづくりを保育園の給食担当者や漁協の女性部の人たちに教えつづけた。川口にとっては闘いだった。

海の破壊は止まったのか。海は甦ったのか。「たしかに一時ほど赤潮は頻発しなくなりました。でも、目にはさやかには見えなくても沿岸漁業の魚貝類の激減、海の中の景色の変化が海の汚染がつづいていることを雄弁に教えていると、私は思います」。

当時も今も川口の行動力を支えているのは「海への愛」――海をこよなく愛し、漁村の暮らしが好きで、だから海の環境を取り戻したいという思いだ。大きくは、目の前の海は地球全体につながり、人は海から供給されている蛋白源の生き物に支えられ、生かされている。「海は命の根源」だと川口は確信する。だから海の環境を守り、その破壊から救うのは憲法の前文の平和的生存権にかかわり、健康で文化的な生活を営む権利である第二五条そのものだと川口は思うのだ。

海を愛する川口だから五ヶ所湾を抱える故郷の役場に進んで就職したのだろうと思っていたが、そうではなかった。

一九五四年三月に早稲田大学商学部を出た、文学青年だった川口は出版の世界を目指したが果たせなかった。「書きたいという思いはありましたが、そんな力量もなかったし」と謙遜する。とりあえず就職をと思って三重県の地元銀行を希望したが、だめだった。企業社会には不向きだったのかもしれない。実家の鰹節製造業は兄が継いでいたので、やむなく東京でアルバイトしながら食いつなぐ破目になった。

いつまでもぶらぶらしているのはと、すでに東京にいた医者の義兄が資金援助をしてくれて五五年に荒川区内で洋品店を開業した。「学生時代に中野区内で洋品店のアルバイトをしていて、そこで仕入れなどを覚えて、これならやれそうと思ってね」。その後の川口からは想像もできないが、「商学部出身ですから」とはじけるように表情を崩した。

洋品店の看板は掲げず「かわぐち」だけで店を始めたが、仕入れの資金が乏しいので最初はアルバイトしていた店からハンカチや靴下など小物だけを回してもらった。「店では『世界』と岩波文庫を読みふけっていました」というから社会派的文学青年だったのだろう。そのうち埼玉で洋裁の先生をしていた三つ上の姉がブラウスなどを作ってそれを売ることになった。

「これが大当たりというか、ヒットしたんですよ。既製品ではなく、世界に一着しかないんですから。女性のお客さんには一着しかない手製のブラウスですよ、というとあらそうとか言ってとても売れました。二年間ほどは本当によく売れました」。大笑いしながら川口は洋品店時代を懐かしむよう。

しかし姉一人の手作りだから大量には作れない。店をはじめて四年ほどしたら、大量生産時代に入り、ブランドものも出回るようになり、さっぱり売れなくなった。借金も返済できたし、赤字になるほどではなかったが、とにかく売れなくなった。そろそろ潮時かなと思っていたところとんでもない転機が突然訪れた。一九五九年である。

この年は戦後日本が大きな曲がり角に差しかかっていた。安保条約改定問題、大量解雇による三井争議、水俣病問題、立川基地拡張をめぐる測量で警官隊と反対住民らが衝突した砂川事件で東京地裁が駐留米軍は憲法違反の判決を出し（伊達判決）、それを最高裁が今にも残る疑惑的なやり方でひっくり返すなど大きな問題が相次いで起きていた。川口の転機はしかし、そうした政治的社会的な問題ではなかった。

五九年九月二六日、台風15号が三重県や愛知県など中部地方を襲った。「伊勢湾台風」である。各地に甚大な被害をもたらし、死者は明治以降では最大の五〇四一人にも上った。その年末に帰郷した川口に南勢町役場から声がかかった。同町も甚大な被害を受け、その後始末に人手が足りなかった。翌六〇年二月、川口は町長裁量で職員になった。「そんな時代でした」。災害が川口を故郷に呼び戻したのだが、まさか役場の職員になるとは考えてもみなかった。まして公害問題に積極的に立ち向かうことになるとは予想もしていなかった。

約七年つづけた合成洗剤追放・石けん使用運動は、川口が担当部署を離れ八〇年代に入ると町内では火が消えたようになった。町長が公害問題に対して積極派から消極派に交代したのも大きかった。隣接の南島町で中部電力が進めていた芦浜原発に対して、当時町教育委員会事務局長だった川口の反対の言動に、町長から名指しで批判されたこともあった。次第に居心地が悪くなってきた。「公務員はトップが代わるとね……そこが辛いところです」とため息をついた。

海の環境汚染への闘いはまだまだつづけねばならなかったが、公務員が一人でやることには限界があった。「こういう問題は結局、何より海の汚染に関心があり、何とかしたいという情熱がないとつづけられません。それがないと、仕事の枠を超えてまで出来ませんから」。川口のことばには、そこまでやり切る公務員は少ないという思いをふくんでいた。立場と環境の変化に川口は、目標を失い、挫折に近いような気分に陥ったようだ。

小なりとも組織への川口の忍耐は限界が近づいていた。だが辞めてどうする……

折しも川口に決断させる出来事が訪れた。二つ目の転機と言ってもいいだろう。「昭和」の終焉が近づいた一九八八年、岩波書店が読者から「私の昭和史」を募集した。同書店のＰＲ誌の

『図書』でそれを知った川口は以前から気になっていた故郷で起きた戦争と貧困にかかわる事件と、海の破壊の問題について一気に書いた。新聞折込みのチラシの裏側に。しかしなかなか出す決意が起きない。「一週間か十日ほど置いたままにしていましたが、宝くじと一緒で応募しないことには」と思い切って投函した。

加藤周一編の『私の昭和史』（岩波新書、一九八九年）に川口の応募原稿が、一五の入選作品の一つとして選ばれ、収められた。「渚の五十五年」である。加藤は川口の原稿を近接の視点から昭和史を捉えた作品として高く評価した。「渚の五十五年」が入選して「自信を持った」川口は新書の出版から四カ月後、「昭和」の終わった一九八九年三月退職する。六〇の定年まで二年残して。「渚の五十五年」は原稿用紙一〇枚ばかりの小編だが、川口の歴史意識と環境観がぎゅっと詰まり、彼の思想と行動の原風景が彩色豊かな文体によってくっきり浮かび上がってくる。そこに描かれた川口の原風景をたどってみよう。

五ヶ所湾が外洋へとつながる出口の東側の田曽岬をかかえて志摩郡浜島町に接して宿浦と田曽浦という二つの集落がある。かつては二集落を合わせて宿田曽（しゅくたそ）村といい、熊野灘の荒波が押し寄せる小さな漁村だった。10～30トンの小船でのカツオの一本釣りに頼っていた。魚は獲れても海路しかない不便な村だったから販路が限られ、生活はどこも苦しかった。

一九三二年に美しい渚のつづく静かな宿田曽村で生まれた川口は、七人きょうだいの末っ子だった。

川口が村に一つの宿田曽尋常高等小学校に入学したのは三九年で、日中戦争は三年目に入り大陸への侵略はずぶずぶと深みにはまっていた。アメリカとの戦争も射程に入るようになっていたころである。

入学して間もなく川口は奇妙なことに気づいた。校庭に整列した一学年上の子どもだけが他の学年の半分ほどしかいないのだ。なんでこんなに少ないのかなあ。帰って母親に訊いた。

「それはなあ、南米行きがあったんや」

南米行き?

「ひどい貧乏でなあ。育てられんので、生まれてすぐに油紙に包んで海に流したんや。ずっと遠い南米にまで流れて行くと思われてなあ」

間引かれた嬰児は南米まで行くどころか波に打ち返されて渚に戻ってきた。

「えらい騒ぎになって、大事件になったんや」

間引かれた嬰児は大不況のさ中の一九三一年生まれだった。関東軍が「満洲事変」を引き起こした年である。事件が明るみに出たのは三三年一〇月で、次つぎと引っぱられていった漁村の女たち。その数は三十数名と三重県警察史には記録されてある。

事件は戦闘的マルクス主義学者の猪俣津南雄が一九三四年に全国四三の農村を踏査したルポルタージュ『窮乏の農村』（改造社）に一行だが記されてある。「三重県の漁村の女房達は、亭主との中に出来た××を××した廉で、一小隊ほども法廷に立たされた」と。伏字の前者は「子供」で、後者は「間引」である。

渚は嬰児の間引きを見ていただけではなかった。戦争に動員された漁村の若者たちを母親たちが「日の丸」を振って見送った浜でもあった。戦争が苛烈になっていくと、小さな村にも兵隊たちが駐留し、美しい渚は訓練場にされた。

間引きの悲劇と戦争が白い砂に染みこんだ渚は戦後、跡かたなく消えた。350トンの漁船が入れる、三重県では五、六番目の大きな漁港へと変わったのである。今では渚の記憶を知る人はほとんどいない。

「渚の五十五年」は間引き、戦争、渚の大変貌、さらに赤潮、合成洗剤追放運動の顚末などにも触れ、生まれ育ち、ずっと見てきた渚を通して捉えた漁村の近現代史であった。


川口には戦場の体験はない。しかし少年時代に戦争を体験していた。

一九四五年、敗戦間近い七月二八日深夜から二九日にかけて山田（現伊勢市）が猛烈な空襲を受けた。川口は四月から宇治山田中学校へ進み、女学校に通っていた姉と近鉄宇治山田駅に近いところで下宿生活をしていた。激しい空襲で防空頭巾に水をかぶって、「リュックに教科書と広辞林を入れて」、樹木が多く、隠れるところがいっぱいあった伊勢神宮外宮の森へとひた走った。

ふり返ると旅館街が燃え上がり、真っ赤な火柱が立ち上がって、音を立てて三階建ての家が崩れ落ちた。火の風が吹きつけ、背中が熱くなった。やっと外宮の森にたどりついて、まんじりともしないで日が昇るまで隠れていた。逃げる途中で教科書を入れたリュックを田んぼのあぜ道に放り出していたことを思い出したのは空襲が終わってからだった。

「怖かった、ほんまに怖かった。あんな怖い体験はなかった」。今も背中に火がついたように顔をゆがめて川口は、七五年前の空襲を思い出す。彼はたしかに戦争体験者だった

皇国少年でも軍国少年でもなかったという川口は、八月一五日の敗戦を祖父から教えられた。「これでもう空襲はなくなる」と喜んだ。灯火管制もなくなって明るくなり、本が読めると嬉しくなった。それから一年三カ月ほどした四六年一一月二日、川口少年らは中学校の社会科の先生に集められた。そのときの先生のことばはきらきら光っていて、川口少年は眩しいほど鮮やかに憶えている。

「新しい憲法公布の前日だったと思うのですが、先生はこれからは本当の平和が来るんだぞ、素晴らしい憲法が出来るんだ、戦争はしないんだと。先生は興奮してました。僕らもみんな目を輝かせて先生の話を聞きました。いい時代が来るんだ、と」

現憲法の第一世代の川口は、自らの戦争体験と憲法体験が生きる思想の水脈になったようだ。

「渚の五十五年」で自信を持った川口は迷わず書きはじめる。海へのこだわり、漁村のありよう、そこで生きる漁民の暮らし、とりわけ裏方の女たちの生活、抱える問題、そして彼女たちの

背負った戦争をふくめた歴史——視点をそこに据えた。

「女の視点で漁村の生活と歴史、そこに海とは私たちにとって何なのかをより合わせて書きたいと思ったのは、合成洗剤追放運動は漁村の女性たちが中心だったからです。彼女たちのねばり強さが支えてくれたからこそ七年間の活動ができたのです。漁村の女たちの逞しさに接して感動すら覚えましたが、彼女たちの日常の暮らしはじつはとても大変なのです。青年期の一時期を別にして海辺で暮らしてきた私は、漁業と漁村は女性たちに支えられてきたと思っていました」

漁村の女性たちの暮らしと歴史を、彼女たちのことばで表現していけば説得力がある。それには聞き書きが適しているのではないか。合成洗剤追放運動にかかわっていたころ、千葉・鴨川の漁業者の丸山隆一郎・正二郎兄弟を訪ねた折りに紹介された海女の語りぶりを思い出し、土地のことばと語り口で書けば伝わりやすい。——川口はそう思って聞き書きのスタイルにこだわりつづけた。

小さなカメラとテープ・レコーダーをバッグに入れて川口が漁村を訪ねる旅をはじめたのは退職して間もなかった。地元の三重県志摩半島から、北は北海道小樽市銭函、蛇田町、南は宮崎県日向市幸脇まで二三の漁村を歩き、そこで生きる三〇人ほどの女たちの生活と歴史を聞き取った。その記録は『女たちの海—昭和の証言』(ドメス出版)としてまとまった。出版は一九九〇年八月だから、退職からわずか一年半である。交通の便が良いとはいえない、伊勢の端の漁村から川口は精力的に歩いた。

漁村を訪ね、膝を突き合わせて話を聞くと、戦争時代の苦しさ、辛さを口にする女性が多かった。夫や兄を戦争で失った漁師の妻や妹らの哀しさと苦労を聞く川口も辛かった。漁村の女性たちは戦争をそれぞれの生に縫いこんでいた。彼女たちは、川口と同性代かそれより上の世代がほとんどだったから、彼も共感しながら相槌を打つことが少なくなかった。

同書の末尾で語られている高知県土佐清水市に住む女性（一九二四年生まれ）は、足摺の漁家に生まれ育ち、漁師の兄を戦争で失った。彼女は、川口に「戦争が青春をむしりとっていった」と語った。市井の歌人となり、戦死した兄と漁村賛歌の歌集を出していた。川口は彼女の話を聞き「海にこだわり、戦争にこだわる」女性だったと共鳴共感するのだった。

『女たちの海』から三〇年、川口は全国の漁村を歩き、訪ね、女たちの語りを聞きつづけた。後年彼は、七年闘った合成洗剤追放運動は「負け戦だった」と辛い自己採点を下している。そうだとすれば漁村の女性たちの聞き書きは「負け戦」へのリベンジか、あるいはステージを変えたもう一つの闘いなのかもしれない。

漁村の女たちの語りでは、戦争の話とともに海女の語りが心を打つという。海女を中心にした聞き書き集も数冊ある。海女の話に魅かれるのは、たとえば志摩半島の海女からこんな話を聞くからだ。

「初めて潜（かず）いたときに海の底の美しさにびっくりしました。海の中にも四季があると知って。春にはテングサが伸びていちめん赤や緑の花が咲いたようになり、夏にはアラメが大きくなって林のように。秋になるとアラメも木の葉が散るように葉が落ちて……感動しました」（潜くは志摩地方の海女特有の言い習わしで、万葉ことばではないかと川口はいう）

心揺すぶられた川口は海女の感動を書き留める。そんな海女たちはもうずいぶん前から海が衰弱していく様子を体で感じていた。海女たちにとってアワビは海の宝である。

「二〇年ほど前からアワビが取れんようになった」「アワビが減るばっかりで。サザエが主で、アワビに出あうのはときたま」「アラメの林を掻き分けていくと、その根元にアワビがおったもんです。それが、磯の環境ががらっと変わって、アラメが全滅してね。昭和五〇年ごろからです」「アワビの小さいのもちょっとも見かけんのですわ。稚貝が一つもおらん」

一九九五年に運用が開始された長良川河口堰が出来てからの変化も海女は敏感だった。

「あれが出来てから木曽三川の水が伊勢湾に流れこまんようになって急に磯が変った」「伊勢湾の潮は熊野灘につづいていますからね。河口堰が出来てから熊野灘の沿岸漁業は確実に悪うなりました」

かつて海女は全国で五〇〇〇人ほどいたが、現在は約二〇〇〇人に減った。若い海女にはめったに会わないという。ほとんどが六〇歳以上で、七〇代、八〇代も珍しくない。九〇代で潜っている海女もいると聞いて、わたしは思わずうなった。

「高齢化というより、老齢化です」。海女の語る深刻な現実に川口は将来を気遣う。「稼げるアワビなど資源が枯渇していくと、跡継ぎは当然先細りになっていきます」。だが資源の復活の先行きは厳しい。「アワビは焼くと最高に旨いんですがねぇ。今では口にできなくなりました」と川口はその味を思い出したように目を細めた。

海女の聞き書きという貴重な記録をしてきた川口を三重大学が二〇一〇年から特任教授に迎えて海女の講座を開設した。この講座を彼は一〇年間担当した。聞き書きテープの記録も大学に寄贈した。

資源の枯渇はアワビなどだけではない。川口の地元の五ヶ所湾でもかつてたくさんとれたアジ、サバ、イカもめっきり減った。合成洗剤追放・石けん使用運動の時代に比べると、熊野灘の赤潮はほとんどなくなった。しかし海の環境は一段と悪化している。

「今から思うと、赤潮は海の呻きの色でした。今や海はそんな声も立てられなくなって沈黙の海になってしまいました」と川口はため息をついた。川口の「負け戦」ということばにこめられた思いがやっと少しわかるような気がした。だからなのか、川口の記録には何とか海を再生させようと取り組んでいる漁民や渚の復活に力を入れている漁村の女性たちが多く書き留められている。

川口は二〇〇一年「田尻賞」を受けた。合成洗剤追放運動から、日本の海辺の変容と漁村の女性たちの生と歴史を丹念に聞き集めて、記録として残してきた活動が評価された。四日市海上保安部時代から東京都公害研究所などで公害や労働災害に果敢に取り組んだ田尻宗昭（一九九〇年死去）にちなんで設けられたのが「田尻賞」である。田尻は「なにやってんだ。行動しよう」といいつづけた行動の人だった。柔和な笑みを絶やさない川口はまさしく「なにやってんだ。行動しよう」の人である。受賞講演を川口は「生涯現役でいくつもりです」と結んだ。

海の環境破壊と向きあうようになってから川口は、この闘いは「結」のない「起承転々」だと書いていた。

生涯現役でというのは、「起承転々」である。それを明かすかのように川口は、二〇二〇年九月、三六冊目の記録を上梓した。『島へ、浦へ、磯辺へ――終わりなき旅』(ドメス出版)である。

3 隠された戦争孤児を追った戦争孤児

金田茉莉さん

提供：金田茉莉さん

「戦後まもなくですが、ラジオの連続ドラマに『鐘の鳴る丘』というがあったのはご存知ですよね？聞いておられましたか？」

「もちろん知っていますよ。でもそのころ、姫路の親戚の家に預けられていて聞いていません。朝も夕も食事の準備、洗濯、風呂の用意などに追われ、そんな時間はぜんぜんありませんでしたから。ええ、親戚の家族は聞いていたようですけど」

「そうですか……ドラマの主題歌はどうですか？とんがり帽子の時計台です。古関裕而の作曲で、有名ですから聞いておられるでしょう？」

「ええ、歌えますよ。♪緑の丘の赤い屋根　とんがり帽子の時計台……でしょう。ラジオは聞いてないのに知ってるんですね。どこで覚えたのかしら」

「わたしもラジオの放送は聞いた憶えはないのですが、歌えるんですよ。あの歌は四番までだと思っていたのですが、八番まであるんです。しかも英訳もされているんです」

「それは知りませんでした。そんなに長い歌なんですか。英語の歌まであるなんて。初めて知りました。だけどね、あのドラマは私たち孤児の間ではあんまり評判は良くないんですよ。嘘だとか、甘すぎるって。それで私の知り合いが原作者の菊田一夫先生を訪ねて、モデルは誰なんですかって訊いたんですって。そうしたら先生が、あれはフィクションだよって」

『鐘の鳴る丘』は敗戦間もない一九四七年七月からはじまり、五〇年一二月まで七九〇回放送された長いラジオドラマだった。戦争によって孤児になった少年らと復員してきた心温かい青年が交流し、信州の緑の高原に赤い屋根の家を建てるという物語で、戦後の荒んだ時代に大きな感動を与えた。

一九三五年生まれの金田茉莉は九歳のときに東京大空襲で家族を全員失った戦争孤児である。彼女はこのために何度も親戚の間をたらいまわしのように回され、「鐘の鳴る丘」に耳を傾けられるような環境にはなかった。

金田はしかし、戦争孤児であることを長い間、他人にはあまり話してこなかった。「隠していたといってもいいほどでした。孤児というだけで差別されてきたからね」。同じような孤児がこの世界にいることにも気づいていなかった。

四八歳のときに胆石で胆嚢が破裂寸前の危ない状況になり、入院手術をした。

「それで私、人生観が変わってね、身辺整理をはじめて、押し入れの天袋の奥から娘時代の日記や手紙を引っ張り出して読み直したの。それであぁ、これは子どもたちに伝えておかなければと思ったのね」

大病がきっかけで金田は亡き母を鎮魂する思いをこめて一冊の体験記を書いた。五〇歳のときである。それからの金田は、知られざる、また隠されてきた戦争孤児の実態を不自由な目をものともせず、独力で三五年以上にわたって調査をし、書き、語りつづけ、訴訟を通じて国家を問うてきた。「私たちは戦災孤児ではなく、戦争孤児です。国策の戦争によって孤児になったのですから」。

日本の戦争が敗戦の坂を転げていた一九四四年春、政府は次期戦闘要員温存などのために都市部の学童の疎開を決め、はじめは縁故疎開を、六月には学校ごとにまとまって地方へ疎開する集団疎開を決定した。国策であった。

東京下町、台東区聖天町（現・浅草一丁目）で野球用具の卸商を営んでいた父は茉莉がまだ三つだった一九三九年一一月、脳溢血で急逝していた。だから父のことは記憶がなく、写真で知るだけだ。

父を継いだ若い母は、三人の娘と一緒に大阪の実家に縁故疎開する予定で、夏休みにはその準備に追われていた。小学校三年の茉莉も一緒に大阪へ疎開する予定だった。ところが彼女の通っていた富士国民学校の担任が家庭訪問で、茉莉の集団疎開を強く勧めた。「茉莉さんは腺病質ですから、疎開地で温泉に入ればきっと元気になりますよ」。善意であっただろう先生は、国策という理由で集団疎開を勧めたわけではなかった。母はしかし茉莉だけを集団疎開させることをためらった。茉莉の意思をたしかめると、彼女は「遠足へ行くような気持」で、大好きだった先生や友だちと一緒に行ける集団疎開を選んだのだった。

八月一三日、富士国民学校三年生の茉莉は同校の約五〇〇人の児童と一緒に、「日の丸」の小旗を持った家族の見送りの中、上野駅へ向かった。茉莉はしかし、見送りにきた母や姉らの寂し気な、どことなく不安そうな表情を見てはしゃいだ気分が急にしぼんでいくようであった。

学童疎開は全国で約一〇〇万人、このうち東京都からの疎開は全国の半数になる約五〇万人で、縁故疎開は二六万人、国策の集団疎開は二四万人だった。

富士国民学校の集団疎開先は宮城県の鎌先温泉で、東北本線白石駅からバスで三〇分ばかりの蔵王山麓にあった。金田らは用意されていた温泉旅館の一つ木村旅館に入った。のちに一条旅館に移る。自然豊かな疎開地は、都会っ子には珍しく、小さな胸が満たされる思いだった。だが旅館で、朝起きてから夜寝るまで生活と学校が一つになった状態で子どもたちはだんだん息苦しくなる。

「朝起きると正座をして東京の方角に向かって、天皇陛下お早うございます、お父さんお母さんお早うございます。寝るときにも同じようにみんなで唱和させられる毎日でした」。夜になると母が恋しくなって一人がしくしくはじめると、それにつられて全員が泣きだし、旅館中がわんわんとなったこともあった。先生からは「お国のため」「銃後を守る少国民は母を恋しがったりしてはならない」「欲しがりません、勝つまでは」などとくり返し聞かされ、教えこまれていった。

検閲など厳しい制限の中で母や姉妹からの手紙は楽しみだったが、手紙を読むと会えない寂しさがいっそう増す。「たしかその年の秋、九月ごろだったと思いますが」、母親が鎌先温泉まで面会に来た。朝来て夜行で帰る束の間の対顔だった。「母が帰るときにバス停まで見送りに行ったのですが、私を見つめる母の寂しくも強い目がいつまでもまなうらから消えませんでした。ええ今も」。

四五年三月、一緒に疎開していた六年生だけが卒業のために帰京することになった。その中に三年生の金田がひとりいた。空襲が激しくなって母が家族そろって大阪へ疎開するので六年生と一緒に帰してほしいと学校に強く頼んだからだった。

白石駅から夜行に乗ったのは三月九日である。母に会える、姉にも会える、かわいい妹にも。七カ月の離れ離れの寂しさも忘れ、車中の金田はうれしくて小さな心臓が飛んでいきそうだった。狭苦しい車中だったがいつしか眠りに落ちた。

どれぐらいいたったろうか。突然、汽車がガタンと音を立てて、急停車した。車内の電灯が消え真っ暗になると、誰の声かわからなかったが「敵機だ！」の声。つづいて飛行機の爆音が近づいて来た。耳をつんざく轟音だった。何百機もあったようだ。

ようやく動き出した汽車が上野駅に近づくにつれて車窓から眼にした異形な光景に茉莉は飛び上がらんばかりに目を見張った。線路沿いに歩いている人たちの群れは身につけた衣服がボロボロで、髪を逆立て、真っ黒な姿で、人間とは思えなかった。ギョッとした。子どもたちの沈黙の驚きを乗せたまま汽車は上野駅に滑りこんだ。一九四五年三月一〇日、東京大空襲の直後の朝だった。

どこを見渡しても出迎えの家族の姿はなかった。子どもたちは先生に引率され黙ったまま駅構内を出ると、視界には瓦礫の焼け野原が広がっていた。街が消えていた。浅草観音、仲見世などもない。信じられない光景だった。先生が一足早く富士国民学校まで行って、母校が灰になっていることを子どもたちに伝えた。焼け残ったのは浅草国民学校だけで、茉莉たちはおし黙ってそこへ向かった。瓦礫の焼け跡のあちこちから黒い煙が上がっていた。母はどうしたのか、姉はどこに、八つの妹は大丈夫か。

浅草国民学校では焼け出された親たちがボロボロの姿で、子どもたちを探しまわっていた。子どもたちも親を探し求めた。親子が抱き合ってる姿もあちこちに。茉莉はるつぼの中で母を探した。首を回し、目をぐるぐると忙しく動かせて、必死に。と、「金田さん」と先生に手招きされ、飛んで行った。そこにいたのは足立区の西新井からかけつけた叔父（父の妹の夫）だった。母たちを探しまわっていたが、どうしても見つからないと言って、叔父は茉莉を連れて西新井へ向かった。途中、あちこちでもつれた電線が地上にくねくねしていた。黒焦げで炭のようになって転がっている人人人……焼けた地面はまだ熱かった。でもそんなことは苦にならなかった。早くお母さんに会いたい。どこにいるの？姉や妹は？それればかりが頭の中をかけめぐる。叔父は翌日から毎日、足を棒にして母たちを探しまわったが行方は杳として知れなかった。

戦争はまだつづいていた。空襲はひっきりなしだったので、三月のうちに茉莉は叔母たちと奈良の親戚を頼って疎開した。二度目の疎開である。奈良で国民学校の四年生になった。だがすぐにもう一人の叔母に引き取られ、兵庫県姫路の手前の御着（ごちゃく）に移った。四月の半ばだった。そこで茉莉は富士国民学校から数えて三校目の学校に編入した。

女学校へ行っていた一五歳の姉・嘉子の遺体が墨田川で見つかったと知らされたのはその年の七月だった。そのときの茉莉の取り乱しようは尋常ではなく、親戚の人たちもどうしていいかわからないほどだった。ほぼ同じときに母の遺体も発見されていたのだが、茉莉のショックを心配して事実が伝えられたのは、少し時日がたっていた。母の花江は三五歳だった。小学校一年の妹・百合子の行方は、今にいたるも不明である。

茉莉は日本の戦争によって敗戦前に戦争孤児になった。戦争孤児は、東京だけでなく大阪、神戸、名古屋など主な都市部の空襲で戦争中に各地に生まれていたが、当時の茉莉には思い及ばなかった。

八月一五日、日本敗戦。「天皇の放送は聞いたけれど、一〇歳では理解できなかった。誰かが負けたといったのでわかったのですが、私には敗戦より母の死のほうがうんと衝撃でした」。

日本の戦後は、国策によって侵略戦争を長くつづけ、数えきれない被害者を内外にかかえてはじまった。だが戦争による民間人の空襲被害、それによる孤児の問題について国家は、意図的のように放置し、置き去りにしてしまった。

敗戦の年の一一月、金田茉莉は姫路に住む伯父宅に引き取られた。わずか七カ月のうちに四度めの転居だった。皮革製品の工場を営んでいた伯父夫妻は、子ども七人の大家族だった。一家全滅した兄の娘とはいえ、食糧難で伯父の家族にとっては、茉莉は紛れ込んできた厄介者であった。

邪魔者のように扱われ、疎まれた。「親と一緒に死んでくれていたら」。そんなひそひそ話が胸に染み入ってくる。「何度死にたいと思ったことかわかりません。お母さんのところへ行きたい。そのたびに死んだら、お母さんのいる天国には行けないよと祖母に言われて、何とか堪えてね」。

小学校は四校目、花田小学校といった。下町ことばが抜けず、笑われて、それが嫌で寡黙になった。いじめは数限りない。そんなときには近くの川へ行き、川原から夜空に浮かぶ遠い月に向かって小さく話しかけた。「寂しいのよ、寂しくてたまらないのよ」。涙の壷は尽きなかった。来る日も来る日も寂しさが少女を襲った。

伯父宅での生活は朝六時に起き、一〇人の家族の食事の支度、布団の片づけ、洗濯、座敷の掃除をしてから学校に駆けていく。いつも遅刻すれすれだ。学校から帰って来ると、風呂の用意、夕食の準備に、後片付け。こまねずみのような毎日だった。「鐘の鳴る丘」を聞いている時間があろうはずはなかった。

一九四七年、茉莉が小学校六年生になったころ、東京の街には、空襲で親を失い、引き取り手もなく、住む場所もない子どもたちがあちこちをさまよっていた。上野駅の地下道では寝る場もなく、食べ物もない、ボロボロの服を身につけた飢えた浮浪児がごろごろしていた。戦争孤児である。餓死や凍死も珍しくなかった。物乞いし、盗みを働く子もいた。生きるためだ。それなのに戦争国家は放置していた。

四六年八月二三日の衆議院の建議委員会で委員の布俊秋が戦争孤児の悲惨な状態を何とかする

よう政府を追及していた。答弁した厚生省政務次官の服部岩吉は、全国には戦災孤児が約三千人で、半数が親戚や縁故者が保護し、半数を私設の収容所で世話をしていると説明していた。これは何を根拠にしたデータなのかはわからないが、まったく実数とかけ離れていた。しかもその日の食べ物にも飢えていた孤児たちの実態も掴もうともしていなかった。政務次官はこうも述べていた。

「国家の戦争に依って生じたところのこれらの孤児は、先ず国の責任に於いてこれが保護育成をやっていかねばならぬということを痛感致しております」

官僚のその場逃れの答弁だった。

政府の答弁とは裏腹に巷では孤児たちが目障りだと、「狩りこみ」と称して動物のように捕まえては収容所に送りこまれていた。当時の新聞はそれを写真付きで伝えていたが、戦争国家の責任を問う記事はなかった。

GHQは戦争孤児たちの光景に驚き、その対策のために米国から四七年四月下旬に、カトリック神父のエドワード・フラナガンを招いた。彼は孤児たちの収容施設「少年の町」創設や「赤い羽根共同募金」の提案者として知られるが、フラナガンの孤児への思いが『鐘の鳴る丘』誕生のきっかけになった。そのいきさつを『朝日新聞』（八六年七月二一日付夕刊）が「芸能史を歩く」で紹介している。

フラナガンが離日した四七年六月一七日の直後にGHQの民間情報教育局（CIE）は、NH

Ｋにフラナガン精神を学んで浮浪児救済のためのキャンペーンドラマをつくるよう求めた。ＧＨＱの指示は命令と同じで、ＮＨＫから作家として依頼されたのが菊田一夫だった。幼いころに肉親に捨てられた菊田には戦争孤児とわが身をどこかで重ねるところもあったのかもしれないが、物語は戦争孤児の過酷な実態を無視し美談に仕立てられていた。それがＣＩＥの要請だったかどうかは、「芸能史を歩く」には書かれていない。

姫路の中学一年生のとき茉莉は蓄膿症で嗅覚を失い、今もそのままだという。二年生のある朝、家事をしていたときに急に息が苦しくなり、その日から体のだるい日がつづいた。歩いて三〇分以上かかった学校へ行く途中で息切れがひどくなり、何度も休まねばならなかった。日々の家事労働の過労の蓄積のせいか胸を病んでいたようだ。熱も出た。しかしがまんして家事も学校も休まなかった。医者にかからず、薬も飲まなかった。閉鎖性肺結核だったとわかったのは高校へ入学してからだった。

茉莉は地元でも有数の進学校で知られた県立姫路西高校に入学した。母が残しておいてくれたお金で進学できたが、月額五〇〇円の授業料を何カ月も持たせてもらえず、恥ずかしい思いもした。ノートなど学用品が買えず、いとこたちの使い古しのノートの切れ端を使い、教科書は友人から借りた。そんな温かな友人がいろいろ助けてくれたが、親戚での生活は「肩身が狭く、ことばでは言い表せないほど辛かった。「学校にいるときが一番ほっとできた時間でした。うんとあとで知ったのですが、親戚に預けられた孤児はみんな辛かったと言ってます。家出してそのままという子もいました」。

金田は前の辛い記憶をわりあい明るく、歯切れよく、ときに笑いを挟みながら語るので、わたしはどこかほっとする。それはしかし、苦しみ、悲しみがいっぱい詰まった壷に蓋をしているからだろう。過去を語ることは、辛酸の染みついた記憶の糸巻きを引き出すことなのだから。戦争孤児の金田の苦難の生はその後もつづく。

身一つで、家出同然のように思い切って伯父の家を出たのは茉莉が一九歳の夏、一九五四年七月だった。「高校時代に支えてくれた親友の濱野悦子さんたちがくれた餞別を汽車賃にしました」。ボストンバッグにわずかな衣類と洗面道具、それに日記帳、集団疎開地の鎌先温泉に送られてきた母や姉の手紙数通、家族で撮った写真などを入れて。

「家族と一緒の写真を一枚だけ持っているんですよ」といって見せてくれたのは、一九四四年に茉莉が七歳のときに母、姉、妹と撮った写真だった。写真館での撮影のようだ。戦争下ではあったが、一年後に悲惨な別れになるとは想像もできなかったろう。その写真を抱きしめて八年ぶりの東京だったが、悲しい記憶の映写機が回りつづける故郷だった。

占領は終わったが、早くも保守党を中心にした憲法改正の動きが顕著になり、防衛庁（防衛省）が設置され、陸海空の三自衛隊が発足し、戦後日本は大きく右旋回をはじめていた。しかし当時の金田は自身の生活をつくっていくために旅立ったばかりで政治や社会の変化に目は向かない。

東京ではとりあえず江戸川区の叔母宅にいた祖母を頼った。「東京で大学へ行って将来は先生になろうと思ったんですが、叔母には女の子は大学なんかには行かなくていいと言われ、結局お手伝いをさせられました。でもお小遣いもくれないし、やっぱし女の子でしょう。いろいろ欲しいものがあるわけですよ」。

自立しなければと職業安定所（現ハローワーク）で、いくつかの会社などを紹介してもらったが「ことごとく断られました。孤児っていうだけでダメでした」。金田は孤児の就職差別を初めて味わった。それ以来、金田は孤児であることをずっと伏せて生きる。

しばらくして新聞広告で日本橋のお茶屋の店員募集を見つけて応募したところ運よく採用された。お茶屋には女子寮があり、入寮するには夜具一式が必要と言われた。「でも私には、布団一枚買うお金もなかったんです。叔母も都合をつけてくれませんでした」。せっかく就職が決まったのにあきらめねばならなかった。

やっとの思いで働き口を見つけたのは小学校二年生の担任の家の「女中さんでした」。元の担任に「家で女中さんを探している。見つかるまでお願いしたい」と言われたのである。「共働きの先生には、二歳の女の子がいて、その子の世話に明け暮れて、せめて布団一枚でも買えるお金を貯めたかったのに、下着一枚買えない安い給金でした」。それでも半年がまんした。

その後、彼女は日本橋のおでん屋の店員になった。接客業である。女将に気にいられて三カ月ほどしたら、養女にと言われて断ると「その日の夜に、出ていけと言われて追い出されてしまった」。

当てもなく浅草観音辺りで膝を抱えてしゃがんでいたら、「何してんだ、姉ちゃん」と声をかけてきた男がいた。彼女はピンと来て姫路から肌身離さず持っていたボストンバックを抱えて夜の街を必死で逃げた。どこかわからなかったが、目に入ったのが教会だった。「カトリックの教会だったと思う」。表は締まっていたが、裏口の扉を叩いたら、神父が出て来て黙って入れてくれた。翌朝、神父の後ろ姿が見えたのでお礼を言って教会を出た。そのまま「女中さん時代」に知った町の阿佐ヶ谷へ足を向けた。

飲み屋街で仕事を探した。とにかく今晩の寝るところが欲しい。当時、「女給募集、通住可」とい貼り紙がここそこに目についた。一軒の小さなスナックに飛び込んだ。この店で金田茉莉は立ち回りをする羽目になった。

店のママが妻子ある男と関係があり、その男の妻が包丁を持って店に乗り込んで来て、ママを出せと金田に迫った。危険を察知したママはすでに逃げていた。いないと言っても納得しない男の妻は金田に包丁を突きつけた。「私、くそ度胸があったのかしら、刺すなら刺せというような気迫で」その女性と店の外で向きあった。見物人が二人の女性を取り巻き、固唾を飲んで見守ったが、間もなく妻が包丁を投げ出して去った。「でも一人になったらぞーっとしてね」。当時一九歳だった金田は、六〇年以上も前の出来事をストーリー仕立てで話してアハハ……と大きな笑い声を立てるのだった。戦争孤児、金田の歴史の一コマであった。そのまま金田は退職したが、依然として布団一枚も買えない。

一九五六年、世は不景気だった。新聞広告で老舗の甘納豆屋の派遣店員募集を見つけた。一〇人採用のところに一〇〇人も応募したが、金田は筆記試験と社長面接を経て採用された。「姫路に親がいます」とごま化した。仕事は上野などのデパートの地下の食品売り場に派遣される売り子である。多くの派遣店員を抱えていた甘納豆屋には女子寮が二つあったが、入寮には布団が要った。この機会を逃したら就職口はもうないと思った彼女は、爪に火を灯すようにして貯めた四千円でやっとせんべい布団を買った。「あのころ布団は高かったのよ」。

寮は六畳一部屋に五人だからぎゅうぎゅう。しかも金田は高校時代から太宰治らの本が好きな文学少女だったから困った。そこで仲良くなった同僚と杉並でアパートを借りた。

金田に難題が降りかかってきた。会社の事務から高校の成績証明書、保証人、戸籍抄本の提出を求められたのである。問題は戸籍抄本だった。見れば孤児だとすぐわかる。ばれたらクビだと一日延ばしにぐずぐずしていた。何度も催促されたので、えい、ままよ、と覚悟して提出したら何ごともなく済んだ。ほっとしたが改めて孤児の置かれた状況を思った。

わりと落ち着いた派遣店員だったが、同居人が結婚することになり、一人の給料でアパート暮らしは苦しい。結局退職し、また新聞広告と睨めっこ。日比谷の民事専門の法律事務所に採用されたのは五七年二月。弁護士の面接だけで、戸籍抄本などの提出は求められなかった。裁判所へ調書を取りに行ったり、事務所で出していた季刊雑誌の『経済法律時報』の編集なども手伝った。面白い仕事だったが、突然不幸が襲った。

一〇月のある日だった。何気なく右の眼に手をやったところ、左の眼が何も見えない。えっ、と思って何度かやってみた。わずかにぼーっとしているだけ。右は見える。眼科へ飛んで行った。「眼底がざらざらです。成長期にたんぱく質が不足していたんですね」。思えば姫路時代には魚も肉もほとんど食べられなかった。医者は治るとは言ってくれなかった。「健康保険もなかったので、医者へ一回きりしか行けなかった」。しかし不安だった。見えている右も見えなくなったら、もう終わりだ——二二歳の秋だった。

事務の仕事は目を使う。金田は法律事務所を退職して、生命保険の外交員になる。「あまり好きではなかったのですが、生きていくには仕方がありませんでした」。

約五年の東京で孤軍奮闘した一九歳から二四歳の戦争孤児、金田茉莉の青春時代、戦後日本は戦争責任も戦後責任も放置し、あるいは捨てて高度成長の道を疾走していた。金田は生きることだけで必死だった。次つぎと立ちはだかる障害や不遇に「どうしてこんなに困難がどんどん押し寄せてくるんだろうと自暴自棄になったことも何度かありました。ただ高校時代の親友の濱野さんの手紙にはとても助けられました」。

金田は耐えて、しのいで前を向いて歩きつづける。恋愛も自分には縁遠いと思いこんでいたが、結果的にはキューピッドがいた。保険の外交で知り合った四国出身の静かな青年に望まれて結婚する。一九五九年の晩秋の候だった。つましい結婚だったが、ようやく幸せを摑んだ。

結婚してもしばらくは社会的な関心は薄かった。「孤児は私ひとりだとずっと思っていたんですもの。寂しい、悲しいという文字だけをかかえて生きていましたから。社会的な問題にはまったく眼もいきませんでした。学童疎開、戦争を経験し、孤児になってもそれを大きく捉えることはできませんでした」。

だが二人の子が出来てからは金田に少し変化が生じた。「この子たちを絶対に親なし子にしてはいけない、私のような孤児にしてはならないとそれだけは思ってきました」。その思いを、死線をさまようような大病が一押しした。一九八六年、金田は「お母さん、茉莉はこんな風に生きてきましたよ」と亡き母への憶いをつづった書『母にささげる鎮魂記』を自費出版した。それが縁で、疎開を研究する会「不忘会」に入り、その年末に結成され全国疎開学童連絡協議会（疎開協）に入会する。『鎮魂記』を出したとき、金田は五一歳だった。

「疎開協に入って疎開中に孤児になった人がいることを初めて知りました。私ひとりだと思っていたのですから、とっても驚きました」。長くひとりで抱えてきた個人的な悲しみが、大きく広がり、戦争孤児とは何だったのか、その実態を知らねばと、調べはじめることになった。

疎開協には研究者も少なくなかったが、そうした人たちに戦争孤児のことを訊ねると「金田さん、孤児についてはまったくと言っていいほど資料がありません。孤児が収容されていた施設で孤児の紹介を頼んでも断られます」と、孤児の実態調査には厚い壁があることを知った。そうか、それなら私が調べよう。私は孤児だし共通の体験があるから、胸襟を開いて話してくれるのではないかと思った。だが、必ずしもそうでなかった。金田は手探りで孤児探しをはじめる。

もはや彼女は孤児であることをかつてのように隠すどころか積極的にカミングアウトして、あらゆる場や機会を利用して「孤児をご存知でしたら名前と連絡先を教えて下さい」と頼んだ。まだ個人情報の壁が低いころだった。一人でも住所と名前がわかれば『鎮魂記』を送った。同じ孤児としてつながっていきたかったから。新聞の投書にも目を凝らし、一文字でも「孤児」とあれば新聞社に本を送って投書者に回送を頼んだ。出席した関係の集会で孤児のことを話すと、終了後に「私も孤児なんです」と耳元でささやくように告げる人もいた。親戚の通夜に出席したときに、隣席の男性がたまたま浅草出身の孤児だとわかり、住所を書き留めた。

『鎮魂記』から四年後に金田は疎開と東京大空襲、そしてそれゆえに孤児になったことを児童向けに書いた『夜空のお星さま』（YCC出版部）を出した。一九九〇年である。このころ金田の孤児リストには四〇名ほどが記されるようになった。二冊の本は金田にとって同じ孤児とつながっていく貴重なパイプになった。

本を受け取った孤児からは電話や手紙でさまざまな返事が届くようになる。

「私と共通点が多く驚きました」「自分の体験を思い出して涙が止まらなくて、洗面所にかけこみました」。けれど「金田さんは孤児としては恵まれていたんですね。幸せだったんですね。学校へ行かせてもらったし」「家族の遺体も見つかって」という声も届けられた。金田は孤児の声を聞いて思った。

戦争孤児の実態が語られぬままでいいのか。孤児の歴史を闇の中に埋もれさせてはならないのではないか。孤児は紛れもなく戦争がもたらした存在で、その孤児たちが戦後社会でどう生きてきたかは、国家はもとより多くの人に知ってもらいたい。そのためには孤児の心の襞に刻みこまれ、あるいは記憶の底に沈められてある語れぬ思いをとりあえずアンケートで聞いてみよう。九一年、金田は二七項目にも及ぶ択一式のアンケートをつくり、長女にワープロで打ちこんでもらい、つながりの出来た四〇人の孤児に送った。

「戦争で家族のどなたを亡くされましたか」「そのとき、何歳で何年生でしたか」「あなたのほかに生き残られたきょうだいがあればその方の年齢学年を教えて下さい」「あなたはどうして助かったのですか」「あなたの疎開先はどこでしたか」「家族の遺体は見つかりましたか」「終戦後あなたはどうなりましたか」「子どものあなたが切実に欲しかったものはなんでしたか」「親類や施設で育ったあなたは当時の人を懐かしく思い出しますか」「その理由は何ですか」「あなたが生きていく上で一番辛かったことは何でしたか」「どうして生きてこられたのだと思いますか」「あなたは死にたいと思ったことがありますか」「あなたは生きていて良かったと思いますか」「あなたは孤児になった体験を書いて発表したことがありますか」

金田が孤児だったからこその具体的で直截的なアンケートであった。

二二人から回答が寄せられた。金田がもっとも驚いたのは学童疎開中に孤児になった人が実に多かったことだ。集団疎開一八人、縁故疎開二人が孤児になり、他の二人は空襲下を逃げ回った。「国策の集団疎開が孤児をつくった」実態が、わずかなアンケート結果からでも見えてきた。二二人の孤児の家族の合計死者は九五人にも上り、遺体が見つかったのは二〇人にすぎない。九人家族、七人家族の全員死亡など一家全滅が非常に多かったのにも、金田はわが身を重ねてことばを失った。孤児になった年齢は最年長で一三歳、最年少が七歳で、大半が一一、一二歳だった。

孤児のその後は、金田のように親戚を転々が九人、親戚の同居人・養子、国の施設から親戚に移されたのが一〇人、祖父母に育てられたが二人、他家の養子一人でほとんどが親戚に預けられていた。親戚での生活がどれほど辛かったかは金田の体験とほとんど同じだった。遠慮して心を殺し、身を縮め、家族として扱われず、親戚の子との差別がひどく、耐えて生きるだけだった。何が一番欲しかったは「何もいらないから親が生きていてほしかった、家族が生きていてほしかった」がもっとも多く、次いで「愛情」を挙げた人が多かった。金田にも経験はあったが、死を考えた孤児が一八人にも上り、なかには三度も自殺を図った孤児がいた。

回答者のなかに、かつて親戚の通夜で会った浅草出身の孤児がいた。母が空襲死したとき小学校一年だった彼は叔父を頼ったが、一度も学校には行かせてもらえず、字が書けないので友人に代筆してもらったと添え書きされていた。

「この方には『夜空のお星さま』を送ったのですが、回答を読んで胸が詰まってね……」。たしかに『鐘の鳴る丘』は孤児の現実には遠かった。

アンケートに対して回答を寄せなかった孤児からはしかし、きつい反応もあった。「ふれてほしくない」「質問が厳しい」「ギョッとした」「言いたくないことをほじくらないでほしい」「思い出すのも辛い」。送った本に対しても「こんな本は読みたくもない」と送り返してきた人もいた。同じ孤児でも一人ずつ異なる。わかり合えるとは限らないのだが、こうした拒絶反応もまた孤児の叫びでもあった。

いっぽうで私たちが語らねば誰にもわからない、今残しておかなければ戦争孤児はいなかったことにされてしまう、この苦しみを子どもや孫に伝えて、同じ思いをさせないようにしたい、歴史に残しておかねばという反応もあり、金田はアンケートをしてよかったと思うのだった。

わずか二二人でも孤児の実態が見えるとは思ったが、金田はアンケートで終わりにはしなかった。もっと具体的に知ろう、語ってもらおうと金田は新たな試みを企画した。「戦後五〇年」の一九九五年三月一〇日、「戦争孤児の集い」を江戸東京博物館の会議室を借りて開いた。そのころには金田は六〇人の孤児の名前と住所をつかんでいたが、身体の具合が悪い人もいたのでどれぐらい参加してくれるか心配だった。しかもその日は冷たい雨ふりだった。だが一五人の孤児が集まった。戦争孤児同士の初めての語りの場になった。

「とてもいい会でした。三時間ほど、半世紀の沈黙を破っての語り合いでした」。今でもその日のことが忘れられない。金田は集いの最後に提案した。「私たちの孤児体験を本にしてはどうでしょうか」。

孤児たちが慣れぬ原稿を懸命に書いて出来上がったのが戦争孤児を記録する会編で一九九七年に出版された『焼け跡の子どもたち』（クリエイティブ21）である。

同書には金田をふくめて一四人が原稿を書いている。これまで語ろうしなかった孤児たちの初めての生の声が響き、戦争がもたらした孤児という存在を気づかせる貴重な記録集になった。金田はこの本の「はじめに」のところで戦争孤児の悲惨な事件を紹介していた。四六年一〇月、学童疎開中に孤児になった一二歳の少女が子守りとして知り合いに引き取られたが、食べ物も満足に与えられず、虐待されていた。それを知った実兄がその家の人を殺し、妹まで殺してしまった事件である。肉親を手にかけた理由について兄は「親のない子がこれ以上生きていても苦しみがますばかりだ」と話したという。同じ思いをしてきた金田はこの悲惨な事件を引きながら「次代の子どもたちに同じ思いをさせないために」本書を編んだと記している。

この本の冒頭に学童疎開の体験者で経済評論家の丸橋秀一が「語ってくれ、重い時間を」という胸に迫る詩を寄せている。戦争孤児がどれほど暗い闇をかかえ、癒されずに生きているのかがひたひたと迫ってくるような歌である。

金田の戦争孤児の実態究明は終わりがない。

孤児調査をするようになって疑問に思ったのは、戦争による孤児の実態について四六年の国会で厚生省が「孤児三千人」と述べた答弁である。本当にそんなに少ないのか。具体的にどんな孤児対策をしてきたのだろうか。手を尽くして調べていたところ、『焼け跡の子どもたち』の編集作業をしていた最終段階で貴重な資料を「発見」する。『全国戦災史実調査報告書』（一九八三年）

に厚生省が四八年二月時点で調査した「全国孤児一斉調査」が収められていたのである。

「報告書は神奈川県立図書館にあったんです。見つけたのは一九九五年でした」。金田に教えられてわたしもその報告書を確認した。厚生省は一九四七年一二月六日付で「孤児対策の基礎資料を得るため」全国都道府県に調査を求めた。神父フラナガンから「孤児調査をしなければ対策は取れない」と言われたＧＨＱに指示され、厚生省が慌てて動いたのだった。

調査結果は翌四八年二月にまとまったが、ごく小さく報じられたのが何と三五年後の一九八三年である。金田が知ったのはさらにそれから一二年後である。わずか二カ月足らずの調査でどこまで孤児の実態が正確にわかったか疑問符はつくが、報告書によると孤児総数は一二万三五一一人であった。国会答弁の「三千人」は何だったのだろう。

厚生省は孤児を「戦災孤児」（空襲による孤児）「引揚孤児」（旧満州などからの引揚げ途中で親が死亡したり、はぐれた子）「棄迷児」（空襲下で親とはぐれてしまった子）「一般孤児」（前三種に該当しない子）の四種に分けていたが、「引揚孤児」を別にすればほとんど空襲による孤児だった。

しかし金田はこの調査から省かれていた孤児に気づく。住所がわからなかった「浮浪児」、身売りされた孤児、餓死や凍死の孤児、養子になった孤児、米軍占領下だったが、沖縄戦による孤児、「満洲」で置き去りにされた孤児などはふくまれておらず、戦争孤児の全体像や実数には遠かった。「ですから私は、戦争孤児は一五万から二〇万になると推定しているんです」。とすれば戦争孤児の問題は戦後も早い時期から深刻な政治課題としてあったはずだ。しかし政府は調査をしただけで、まるで孤児がいなかったかのように何一つ対策をしてこなかった。「国家は戦争被害者の孤児を葬り、棄て、隠ぺいしてきたんですよ。ね、そうでしょ」。金田は、憤怒でいっぱいにした大きな眼をわたしに向けた。

大空襲を受けた東京の戦争孤児数は、厚生省の分類の「戦災孤児」だけでは二〇一〇人だが、金田が調べた東京都の資料（『東京都教育史稿　戦後学校教育編』）では、孤児数一一六九人だった。この差はわからないが、東京都は孤児らのために三多摩地区八カ所に孤児学寮（教育兼生活の場）を新設し、三四五人を養育したと書かれてあった。本当に養育したのだろうか。金田は八カ所の孤児学寮の実態を調べてみた。結果は各学校からの申し込みはたしかに三四五人だったが、実際には八〇人程度だったことがわかった。そのためか八カ所あった孤児学寮はどんどん廃止されて最終的には一カ所になったことも判明した。

金田は八〇人ほどに激減した理由を追っていく。疎開協の会員の水谷敬一の紹介で孤児学寮の一つだった町田市の曹洞宗の大泉寺を訪ねたのが一九九二年の晩秋、一一月だった。当時、存命だった住職の犬飼国定が詳しく説明してくれた。大泉寺の孤児学寮には三〇人が入寮する予定だったが、実際には一六人だった。

「ここに孤児がいるという噂を聞きつけたやくざ風の人物が訪ねて来て、孤児の所属学校長がどしどし養子にくれてやったんです。男の子は頑強そうな子、女の子は器量の良い子が貰われていった。その後も四人が貰われて、ここでは最終的には一二人になった」。住職はほぼそんな内容の話をした。

金田は「校長がどしどしくれてやった」という話にびっくりした。その子たちはどうしただろう。改めて孤児の悲哀を思わぬわけにはいかなかった。社会福祉活動家でもあった犬飼は翌年、活動の記録を小冊子『大泉寺住職と社会福祉活動』にまとめ、それを金田に送ってきた。そこでも孤児の入寮について記していた。「最初の申込みは三十名の所、小学校長の判断で貰い手のある児はどしどしくれたので入寮児は十六名となる」。

金田は住職の「どしどしくれてやった」ということばに一人ひとりの孤児の運命を思い、胸がつぶれるのだった。

金田の孤児への思いは、自分と同じ集団疎開中に空襲で親を失って疎開地に置き去りになってしまった孤児にも届く。さまざま資料などから調べたところ、東京から東北、北陸など一七地域に集団疎開した児童二四万人のうち何と一万数千人が引き取り手のない孤児として疎開地に置き去りになっていたのである。金田は置き去りになった孤児のその後を当時の引率教師の手記や学童疎開の記録など片っ端から調べ、また知り合った孤児からも話を聞いた。

宮城県に疎開した浅草の新堀国民学校では、四人の孤児が疎開地の旅館に置き去りになった。最後まで子どもの行く先の面倒をみた、存命だった元引率教員から話を聞くことができた。

孤児の行く先を探さなければ疎開学寮を閉じられない。だが行き先を見つけるのがとても大変だった。農家からひっきりなしに働き手として孤児を欲しいと言ってきたが、一軒ずつ訪ねて行くと農家は重労働で小さな子どもには耐えられない、学校へ行かせるゆとりもないことがわかった。結局、三人を親戚と知人に預け、身体の弱かった一人を連れて帰京し、東京都の孤児学寮に入れた――。

元先生はそんな話をしてくれたが、金田が驚いたのは、疎開地に残された孤児の生活費を文部省、東京都は援助も補助もしなかったことである。旅館の好意で子どもたちは生きられたのだった。国策の後始末の無責任さがここにもあったと金田の怒りは私憤を超えて、公憤になった。

集団疎開し、東京大空襲で母、姉、妹を失い、孤児になった金田はもちろん空襲の実態にも強い関心がある。東京大空襲の死者は一〇万人といわれているが実数はもっと多い。墨田区の横網町公園内にある震災納骨堂に納められている身元不明の遺骨だけで一〇万五四〇〇体で、海や川に流されて見つかっていない遺体が何万もあるからだ。金田の母や姉のように身元が判明して遺族に引き取られた死者もいる。それらを合わせると空襲死者は二〇万人にはなるのではないかと金田は推測する。肉親がどこで亡くなったのかもわからない人も少なくないという。

「国策の戦争をしたのに、その被害者の空襲の死傷者には何の補償もありません。空襲を記録し、後世に伝える平和資料館もない。追悼碑もありません。東京大空襲はナイナイ尽くしなんです。亡くなった人たちの名前を調べるようになったのは青島幸夫知事の時代になってやっとですからね」。金田のため息交じりのことばを聞きながら、せめて沖縄戦の平和の礎（いしじ）のようなものがあればと思わずにはいられない。日本が行った長い戦争の国家責任は戦後七五年たっても内外ともに未決のままである。

　金田がとりわけ不条理だと思うのは、軍人・軍属には補償をし、民間人の空襲被害者には何もないことだ。国策の戦争による戦死者の遺族、あるいは戦傷した軍人・軍属への補償が占領終了直後の一九五二年四月にできた戦没者戦傷病者遺族等援護法によって年金、一時金、弔慰金などの形で支給され、五三年からは軍人恩給が復活し、旧軍人には多額の恩給が支給されるようになった。しかし同じ国策の戦争による空襲死者や空襲傷者ら民間人には、何の援護もされてこなかった。憲法の平等原則に反することは、多言を要さない。

　金田ら空襲被害者はこれまでに援護法制定を国会に求めつづけてきた。だが一四回の法案提出もことごとく廃案になった。「今ごろ何を言うのか。金が欲しいのか。法案を通したければ献金しろって言われてこともありました」。二〇〇七年に金田ら一三一人の被害者は、空襲被害者に補償や救済を怠ったのは憲法違反と、国に謝罪と補償を求めて国家賠償請求訴訟を起こした。金田は原告副団長になった。一三一人のなかには孤児が五〇人もいたのである。しかし東京地裁は「旧軍人・軍属らとの取り扱いの差異が憲法の平等の原則に違反するとはいえない」「救済方法は様々な要素を考慮した政治的判断に委ねざるを得ない」と述べて、訴えを棄却した。高裁も棄却し、最後の最高裁も二〇一三年五月に棄却した。

　戦争孤児の金田は一審の原告本人尋問で「国からは何か援護がありましたか」と問われて答えた。

「何もありません。パンひとつありませんでした」

学者や研究者ではなく、ジャーナリストでもない金田が戦争孤児について調べはじめたのは五〇歳を過ぎてからだった。それからの三五年の行動力と調査に圧倒されるばかりだ。戦争に起因する空襲―集団疎開―孤児は一つにつながっていることを、金田は悲しみを抱えながら全生涯をかけて全身で調べ、語り、書き、訴えつづけた。

彼女が明らかにしたのは、この国は今もなお軍人国家のままで人民を殺しつづけているという事実である。かつてわたし戦後補償を問い直すつもりで、空襲被害者や「横浜事件」などからルポルタージュ「この国はまだ「軍人国家」ではないか」を書いた（『世界』一九九八年四月号）。しかしそのときわたしの視野には、金田のような戦争孤児の存在はすっぽり欠落していた。

二〇一九年、金田に吉川英治文化賞が授与された。

金田茉莉は活動の集大成として二〇二〇年三月『隠された戦争孤児』（講談社）を上梓した。戦争孤児の戦後史である。

「棄てられ、忘れられ、隠されてきた戦争孤児のことをどうしても歴史に残しておかなくてはならないと思った。この本を書いているときに、浮浪児になった孤児の魂が乗りうつったような感じで何度もうなされ、苦しかった。二度と私たちのような孤児をつくってはいけない、そんな思いで書いた戦争を知らない人たちへの遺言です」

4 「平和の条」の輝きに託す無国籍の「在日サラム」

丁章（チョンヂャン）さん

提供：丁章さん

大阪が危機にみまわれている
民意の乱用がはじまっている
戦後民主主義が
戦後教育が殺されてゆく
日本が戦前に退行しはじめる

わたしは不起立することにした
日の丸・君が代は
支配の道具であってはならない
しかし権力が乱用する
不当な支配で強制する
個人の心に踏み入ってくる

在日サラム（人の意味）の詩人・丁章（チョンヂャン）は、橋下徹率いる「維新政権」下の大阪府が二〇一一年六月と一二年三月に「日の丸・君が代」強制条例とそれに従わない教職員らを処罰する府職員基本条例を制定したことに強い危機感を抱いた。教員が抵抗できないなら、親として息子の小学校の入学式で不起立しよう。式の直前に丁が詠んだ詩「不起立の記――二〇一二年春」の冒頭一、二連である。丁は、末尾の七連でさらに勁い詞を刻む。

こんな狂った儀式の強制から
民意は目ざめなければ
だからこれからも
わたしは不起立することにした
不寛容な権力者と従属者に抗って

こう詠んだすぐあとに丁は、予想もしなかった事態に直面し、さらに長い詩を詠むことになる。
詠わざるを得なかった詩「教科書爆弾が降ってきた」。

教科書爆弾が
わたしの街に
降ってきた

あまりに突然なことだったので
しばらく呆然と立ち尽くしていたが

教職員組合が狙い撃ちされたとの
一報を耳にして駆けつけてみると
傷だらけの先生たちが
力なくしゃがみこんでいた
あまりの衝撃に
誰も声が出せない

「教科書爆弾」――。「日の丸・君が代」強制条例の制定からわずか一カ月後の二〇一一年七月、彼、丁章が住む東大阪市の教育委員会が教科書採択会議で一三年四月から中学校で使用する公民教科書に育鵬社の『新しいみんなの公民』の採択を決めた。

「めちゃめちゃびっくりしたんです。まさかと思いましたよ。何でゆうたらね、東大阪は大阪全体の中でも革新的で、市教組もしっかりしていたし、多文化共生でも先進的な自治体なんです。在日外国人、在日コリアンにとってとても暮らしやすい、全国のどこよりも人権教育、平和教育、解放教育が進んでいたんです。ずっとここの公立学校へ行って、ここで暮らしてきた僕の実感なんです。だからこそここで生きてきたし、子どもたちも安心して暮らしていける街だったわけですよ。せやから人権や平和を蔑ろにするような育鵬社の教科書が東大阪市で採択されるなんてぜんぜん予想もしてへんかったんです。仮にほかのところで採択されても東大阪は大丈夫やと高をくっていたんです。ほんま油断してました」

丁は怒濤のように喋って、さらにつづけた。

「これは、日の丸・君が代条例なんかと連動しているんや、市教組も止められないほどの力が働いて、このままでは自由の翼がもがれるとホンマに思たんです」

育鵬社の教科書採択は、さまざまな面で「境界」を越えることを意識して生きていた在日コリアンの丁にとって、子どもの未来が粉々に砕かれるほどの「爆弾」だった。

この詩は育鵬社の教科書採択から五年後に詠まれているが、「そのときの気持ちと同じでした」。だから翌二〇一二年一二月に改憲を真正面に掲げた安倍晋三の再びの登場と重ね合わせたのである。「教科書爆弾」の第七連で丁は詠む。

美しい日本をとりもどすという
美しくないスローガンのもと
つくりだされた新兵器
教科書爆弾に
戦後教育の独立が
平和・人権・多文化共生が
執拗に滅茶苦茶に破壊されてゆく

アメリカに刃向かえないかれらが
敗戦の仇討ちでもするかのように

市民としてこの「爆弾」にどう対したらいいのか。「『日の丸・君が代』強制のときには、誰が座れるんやと考えたら、保護者しかないと思って座ったんですが、ほしたら教科書に反対するのは誰なんやと思ったら、やっぱり市民しかないと思たんです」。詩の最終連は叫びになった。

市民一人ひとりの
声爆弾を打ち上げよう!
もっとリアルに
声爆弾を!（二編とも丁章の第四詩集『在日詩集　詩碑』、新幹社より）

しかし丁が実際に動き出すまでにはかなりの時間を要した。「日の丸・君が代」はわかりやすかったが、育鵬社の教科書採択については、そうなった事態がすぐには理解できなかった。だからどう動いていいかわからなかった。丁は、在日サラムの詩人であり、生業はアート・カフェ「喫茶美術館」のマスターである。これまで市民運動などしたこともなかった。「なんかせなあかんと思てたんです」が、とっかかりがなかった。

年明けの二〇一二年の正月過ぎだった。店の常連客で、元立命館大学教授の近代史研究者の鈴木良が声をかけてきた。

「丁さん、育鵬社の公民教科書を読む会をやりませんか」

鈴木の一声に丁はすぐに応じた。鈴木と丁は政治的には共産党と旧社会党系支持で同じではなかった。問題の深刻さから丁は「政治的な境界を越えてやりましょう」と提案し、鈴木も賛同して二月から丁の店で学習会のスタイルで「東大阪の公民教科書を読む会」を市民に呼びかけてはじまった。

学習会は二カ月に一回、毎回三〇～四〇人の市民が参加し、育鵬社と同じ系統の自由社の教科書など各社の教科書をふくめて読みつづけた。

「初めての試みでしたが、この学習会で市内に在住の市民活動や組合活動をしてこられたベテランのアクティビストの皆さんに出あうことができました。経験のない僕にはこれはとっても大きな財産になりました」。政治的立場やイデオロギー、さらに民族や国籍などの境界を越えた運動が二〇二〇年夏の画期的な結末につながった。

学習会では、育鵬社の公民教科書の問題点が鮮明になった。日本国憲法の平和主義を否定し、人権軽視、国益優先、排外主義の思想に溢れ、新たな皇民化教育を目ざしたような教科書だった。当然、東大阪の人権と解放教育がつくってきた、多民族・多文化共生とは相容れない。

「この教科書は僕なんかの『在日』への視点がゼロなんです。何で僕らがここに居るのか、日本の植民地支配の結果ということに目を向けさせないようになっているんです。僕がこの教科書で授業受けていたら、ずーっとうつむいているやろなと思った。そんな教科書なんです。たとえばね、社会保障制度は日本国民のためのもんで、外国人にはそこまでやる必要はないんだけれど、日本では外国人にもいろんなことをしていますと。日本人が優越感を持たせるようになっているんです。多民族・多文化共生にはふさわしくないんです。でもこの教科書はようできてて、ぼーっとしてたらそのまま受け入れてしまうなと。せやから怖いんです」

丁と鈴木は、次の採択年の二〇一五年を睨んで市民への共同アピールを出し、署名運動をやり、市内でのビラ巻き、街宣活動をし、市教委や市当局への申し入れなど「考えられるありとあらゆる取り組みをしました」（鈴木は共同声明を出した三カ月後に急死）。しかし二〇一五年夏の東大阪市教委は再び育鵬社の公民を採択したのである。

「教科書選定委員会の答申では育鵬社の教科書は候補から除外されていたのですが、採択会議直前に野田義和（東大阪）市長の不当な介入によって教育委員たちが『現行のままがいい』と言って、育鵬社に決まってしまったんです。背景には野田市長が教育再生首長会議の二代目会長であること、右派国民運動の日本会議の拠点が東大阪にあることとか、維新などの右派市議らも関係していたと僕らは見ていました」

公民教科書は中学三年生が使うので、保護者としても丁は「何とかうちの子が中学校で使わなくて済むようにしたかったのですが、それができなかったのは辛かった」。しかし丁が声を上げた教科書市民運動は、オール沖縄のような「いろんな垣根を越えた」オール東大阪運動をつくり出した。

その後はこれまでの運動に情報公開制度を使った開示請求や市議会への陳情、また市内外からの支援、韓国居留民団などの協力もあって、ついに市教委は二〇二〇年八月二四日の委員会で育鵬社の公民教科書を不採択にし、帝国書院を採択した。丁が「教科書爆弾が降ってきた」と叫ぶように詠んでから九年たっていた。教科書採択は今後もこの国の政治、教育の主戦場の一つでありつづけるだろうが、ひとまず丁の教科書を取り戻す闘いの舞台は回った。彼はどんな詩を詠むだろうか。

教科書問題という政治と密接につながる課題に丁は、真正面から向きあった。卒業・入学式で一人の保護者として、「日の丸・君が代」強制に不起立によって抗議と不服従の意思を示すことと、地域の教科書採択についての問題とは、運動的にもさまざまな面で大きく異なる。在日コリアンとして教科書採択をめぐる市民運動にかかわることに迷いはなかったのだろうか。

「教科書を読む会から発展させて新しい市民運動の会をつくろうというてた矢先に鈴木先生が急逝されて、僕が全面的に表に立ってやらなあかんようになったんですが、僕としたら、『在日』が表に出てやったら、いろんな批判も出るやろうし、運動にも支障があるのではないか、やっぱり表に出んほうがええかなあと思って、長いつきあいのある劇作家でお医者さんの胡桃沢伸さんに代表をお願いしたんです」。そのあたりの躊躇について丁は、内面の襞をありていに吐露するようにことばを継いだ。

「もともと自分は外国人で選挙権はないし、日本国民ではないのでこういう政治がらみの運動に自分が主体的にかかわっていいかなという思いはあったんです。現に『在日』のあいだではこういう問題にかかわるのを嫌がる人もいるし、僕も正直ちょっと引いた面があって、参加しないほうがええんちゃうかなと揺れたんです。でも運動をしていくうちに変わっていったんです」

どう変わっていったのか。

「結局ね、僕が引いたような思いになっていたのは、日本とは日本国民のものであり、東大阪の地域社会も日本人のものである、私たち外国人は『お客さん』なんだというそういう考えに自分も染まっていたんだということに気づいていったんです。この『お客さん』という意識を持たせるのは、じつは育鵬社の教科書の思想なんですね。だけど運動をやっていくうちに、本来民主主義は個人の、ひとりの権利を一人ひとりが社会の中で保障していくものをつくっていくことなんだと、気づいたんです。そう考えたときに外国人であっても、この東大阪で暮らしている一人の人間なんだからむしろその一員として発言し、行動し、おかしいことはおかしい、抗わなくてはいけない場合は、一人の市民として抗わなくてはいけないというふうになっていったんです」

丁のことばを聞きながらわたしは、かつて在日中国人の徐翠珍（ジョスイチン）が米軍への「思いやり予算」に対して違憲訴訟を起こした理由について語ったことばを重ねていた。「私は中国人だけど、この社会の構成員ですから、平和や人権をゆるがす問題については一人の市民として発言し、行動します」。彼女は境界を跨ぎ越す民主主義のことばを語っていた。

丁はこうして一人の人間として、ひとりの市民としてオール東大阪の教科書運動の事務局長として運動を担い、「垣根を越え」、境界を越えて民主主義を獲得する行動の詩人になっていった。丁の思想と行動は，自らを「無国籍の在日サラム」の立場に置く生き方とつながっている。

日本に特別永住する在日三世の丁は、大韓民国や朝鮮民主主義人民共和国の国民になったことはない。彼が所持している特別永住者証明書の国籍／地域の欄には「朝鮮」と記されてあるが、日本政府は朝鮮民主主義人民共和国とは国交がないので、「朝鮮」は国籍ではなく、たんなる記号もしくは地域であるという見解を明らかにしている。だから「朝鮮」と書けば、無国籍になるのである。丁は「朝鮮」籍という無国籍を自身の意志で選択し、その状態にこだわる。そこに在日サラムの丁章が存在している意味があると確信している。

「僕が無国籍にこだわっているのはコリア民族の一人として、南北に分断されている国家の統一を望むからです。統一するまではいずれの国家の国民としてではなく、無国籍のままの在日サラムとして生きたいからなんです」

無国籍についての思いを一九九七年に詠んだ彼の詩「国籍」（第一詩集『民族と人間とサラム』、新幹社）の冒頭から引く。

日本国家の
外国人登録証に
地域名「朝鮮籍」と刻まれている
わたしの国籍は
無国籍
のままで
三千里半島統一国家を
待ち望んでいる
わたしは
日本国籍を取らず
朝鮮民主主義人民共和国籍を取らず
大韓民国籍を取らず
に在日するサラム

丁はしかし、統一までは南北どちらの国家の国民にもなりたくないというだけで無国籍の状態を選択しているのではない。無国籍にもっと積極的な意味を認めているのだ。それを教科書運動のなかでも強く認識したという。

「僕はまず自然人じゃないですか、一個の人間として。それが一番大切やないかと思えるようになったんです。無国籍者は、国民国家に縛られたような国民の立場からではなく、自由で平等な自然人の視座から目の前の社会も、そして世界を見渡すことができるんです。国民や国籍は自明なのでないんやと。国家は戦争や人権侵害をしばしば起こし、国民を不幸のどん底に突き落とすこともあります。ですから南北統一国家ができても、その国がどういう国になるかということも大きな問題で、統一すればそれでいいというわけではありません」

日本の植民地支配が朝鮮戦争を経て南北分断へとつながっていった歴史を克服して統一すれば丁は無国籍者でなくなるという話ではないのだ。

在日三世の丁が無国籍を意識し、自らそう名乗るようになったのはそんなに古くからではない。

「国籍を初めて意識したのは一六歳のときの外国人登録のときでした。一九八四年です。まだ指紋押捺制度があって、生まれて初めて採られたときの何とも言えない屈辱感はずっと残りましたね。国籍欄には父親と同じ朝鮮とあって、そのとき「国籍朝鮮」?何なんだ?と思たんです。でも家の中ではそんな話はぜんぜん出ないんです。でね、僕はずっとその疑問を抱えていたんですが、大学へ行ってから小説家になりたい気持ちがあって在日文学を読み漁ったんですが、その中で李恢成(イフェソン)さんなんかが「朝鮮籍」というのは、じつは無国籍なんだということをよう書いてはったんです。それを読んで、ああそうなんかと僕はものすごくすっきりしたんです。そのころ僕はまだ歴史的なことを十分に理解してなくて、国籍が「朝鮮」ていうのは、共和国のことやと思てたんで、僕は共和国の国民とちゃうのにいややなあと。せやからね、李さんの本なんかを読んでほっとしたんです」

在日三世の丁がなぜ「朝鮮籍」だったのか。ほんの少し関連の戦後史をたどる。植民地時代の在日朝鮮人は「日本国籍」をあてがわれていたが、敗戦後の一九四七年の外国人登録令によって当時約六〇万人いた在日朝鮮人に「日本国籍」とは別に「朝鮮」という出身地を表す記号が付与された。そこで在日朝鮮人の国籍は「日本国籍」のままで、記号としての「朝鮮」を持たされたのである。四八年に南北両国家の成立を経て、五二年四月のサンフランシスコ講和条約の発効によってすべての在日朝鮮人は「日本国籍」を喪失し、南北どちらを支持するかどうかは別にして、すべて無国籍者になった。

六五年の日韓基本条約締結によって日韓の国交が樹立され、日本政府は「韓国籍」についてのみ国籍と認めるようになった。しかし日本政府は、「朝鮮籍」については国交がないという理由で共和国の国籍とは認めず、記号もしくは・地域名という見解を示し、それが現在まで継続されている。在日二世の丁の父は、「朝鮮籍」のままであったために、父系血統主義の国籍法によって長男の章もそのまま「朝鮮籍」になったのである。ちなみに母親は韓国籍である。

「父は政治的なことや総連とか民団といった組織が嫌いで、共和国を支持しているわけではありませんでした。そんなことどうでもよかったんです。せやから僕が無国籍になれたのはたぶんに偶然でした。奇妙に聞こえるかもしれませんが、国籍選択を保留し、積極的に無国籍者であることを選んでいる僕には日本政府の見解は好都合なんです。しかし共和国を支持している人たちには日本政府の見解はとても不当だということになります」

丁はややこみ入った話を島岡達三の陶芸作品と須田剋太の書画を展覧している「喫茶美術館」の店内でコーヒーを淹れながら饒舌に語るのだった。

近くに住んでいた司馬遼太郎が名づけた「喫茶美術館」は東大阪ではよく知られ、三〇卓もある広い店内はほの暗いが、重厚な色調の松本民芸家具と美術品とが溶けあってじつに落ち着いた雰囲気が漂う。二〇一〇年から丁は、父のデザインしたこの店のマスターをしながら、厨房で詩作をつづけ、店は市民運動の会議や、ときに自身をふくめた講演会場にもなる。

一九六八年、母の生地の京都で生まれた丁は父の仕事の関係で六歳まで東京で暮らし、その後に現在の彼の生活の場である東大阪市宝持（ほうじ）へ移った。ここは祖父の代からの土地で、父はそこで一九四〇年に生まれ、地元の小学校、中学校、高校へ行き、早稲田大学を卒業していた。さまざまな仕事をし、東京オリンピックの前後では大いに儲けもしたが、株ですってしまい苦しい時代もあった。東大阪へ戻って地元でお好み焼き屋「伊古奈」をはじめたのは七八年だ。

「伊古奈というのは、アボジとオモニが新婚旅行で西伊豆へ行ったときの思い出の旅館の名前で、大阪弁の『行こな』にかけたんですわ。アボジはダジャレが好きなんですわ。このお好み焼き屋はめちゃめちゃ儲かってね。小学校のときからずっと手伝わされて、ほとんどじゃりン子チエの世界ですわ。キャベツ切りはもうめっちゃ大変で、高校生のときに腱鞘炎になって、ペンも持てなかったんですよ。寝ても痛かった。今も痛いんです」。丁は右肩に手をやって笑い声をアート・カフェの店内に響かせるのだった。丁はきりっとしてよく喋り、よく笑う。

父はなぜか小中学校は本名だったが、その後はずっと地域社会でも商売でもずっと通名（日本名）だった。表札も通名だった。日本で生まれ育っても在日朝鮮人が日本社会で生きていくには、とても辛い差別を受けた世代だった。「チョーセン」と言われて石を投げられた体験もあった。父はだから、出自を伏せて日本人として生きることを自らに課した。それはいまも変わらないという。母もずっと通名だった。その影響で丁も幼いころから朝鮮人であることを意識することはなかった。

彼が小学校三年生か四年生のときだった。担任の先生がある日、何かのきっかけで「あなたがたはみんな日本人なんですよ」と呼びかけるように言った。丁は先生の「みんな日本人」のことばを家で伝えると、両親は顔を見合わせて初めて「お前は日本人とちゃう、朝鮮人なんや」と教えたのだった。両親からそう聞いた丁は、自分がみんなとちがって特別の存在のように思えて、嬉しくなってさっそくクラスで「オレはみんなとちごて、朝鮮人なんや」と自慢したのだった。嬉しかったのだ。はしゃぐような気分でもあった。

帰宅してその話を両親にしたらびっくりされて、「章（あきら、と家では日本語読みで呼ばれていた）、何言うてんねん。人前で朝鮮人て言うたらあかん。隠さなあかん。ダメや。そうせな、いじめられる。差別される」。厳しい口調だった。そうか、隠さなあかんのか――ホンマのことゆうたらあかんのか。子ども心に何か嘘を生きるような、何とも言えない抑圧感が生じた。翌日から彼はクラスでその話題を口にしなくなった。このときから丁は、自分を取り戻す旅をすることになる。

十数年後、丁ははしゃいだ精神がでんぐり返って行き場を失ってしまったときの気持ちを詠んでいる。「はじめての歓喜」（前掲第一詩集）である。最後の一部を引く。

教室の
いちばん見通しのよい席で
わたしはうつむきながら
密かに苦悶に耐えていた。
ぼくは朝鮮人だと
はしゃいだあの
はじめての歓喜を
とり戻すまで。

手をさしのべるのはあなた。

顔をあげるのはわたし。


「隠さなあかん」を抱えて数年後、六年生のときだった。クラスの優等生だった丁に、いつもちょっかいかけるやんちゃな子がいた。丁とは逆にその子はしょっちゅう先生に怒られていた。あるとき、その子が丁にしつこくちょっかいをかけてきた。むっとした丁は「ええ加減にせんかい」。するとその子が丁に密着するようにくっついて、耳元でささやいた。「オレ、お前のヒミツばらすぞ」。丁は一瞬ひるんだ。

「ヒミツってなんやねん」と返すと、

「これ」、と彼は紙きれを差し出した。そこに「お前はカンコク人」って書いてあった。「えっ！」。親に隠さなダメときつく言われて、忘れていたのに。丁はさらにひるんだ。それ以来、やんちゃな子は何かあると近づいてきて「ヒミツ、ばらすぞ」とすごむのだった。

とても辛く、苦しかったが、隠さなあかんという親の言いつけを守った丁は反論もせず黙って、必死に耐えた。家では一切言わなかった。でも誰かに助けてほしかった。彼が救いを求めたのは、慕っていた担任だった。思い切って連絡帳にことの次第を書いて訴えた。

「困っています。助けて下さい」。しかし担任は「もう少し待って下さい」と書いてきただけだった。信頼していた先生に突き放され、谷底へ突き落されたような思いだった。「待てない」と思った。そこから脱出するにはどうしたらいいか。

一二歳の少年は必死に頭をめぐらし、ふいに思いついた。そや、隠しているから苦しいのだ、オープンにすればいいんだと。ストレートにではなく、ひねってオープンにしようと彼は一計を案じた。

友人四人と一緒に月に何回か出していた学級の壁新聞のクイズコーナーを利用し、丁は本名当てクイズの問題を作った。彼の通名を書いて「本名はどれでしょう」と、丁章をふくめて三つの名前から正解を求める問題だった。大当たりだった。クラス中に本名が知れ渡っただけでなく、隣のクラスで彼の本名があっという間に広まった。やんちゃな子の「バラすぞ」はピタッと止まった。

「あのときの解放感は今も肺腑に沁みるように残っています」

担任は手をさしのべてくれなかったが、丁は自ら解決の道を見つけ、顔を上げた。一二歳の少年丁の類まれな勁い意志が生んだ、鮮やかなアイデアによるカミングアウトだった。「そのときの解放感は僕にとっては原点やと思うんです」。四〇年前のことをしみじみとふり返る。

だがいったん自由の翼をつけたような解放感は長くはつづかず、中学校でも本名は名乗れなかった。「クラスには何人も『在日』はいたのですが、みんな通名でした」。小学校時代よりもっと強く「隠している」というやましさが自分のうちにどんどん溜まりつづけ、底なしの沼に落ちていくようで、もう耐えられないほどプレッシャーになって、それがずーっとつづいた。

「これは『在日』のみんなが抱えていたと思う。この時間が〈在日の時間〉なんですよ。これは日本人には絶対にわかんないんですね。だから親しい友ができても本当の心友になれないんですよ。だって自分を隠しているんですから」。丁は「絶対」にアクセントをつけた。

つとめて日本国家に距離を置いて生きようとしてきたわたしだが、日本人には絶対にわからない「在日の時間」を突きつけられて、うーんと目を瞑って丁のことばを胸底深くに刻むのが精いっぱいだった。

三年生のときに正式ではなかったが、市教組の熱心な教員が「民族学級」を立ち上げ、丁は最初に誘われて応じた。「これでまた、カミングアウトできるチャンスやと思たんですが、学級に参加したのは僕と弟も入れてたった七人でした。がっかりしました。だって七〇人は『在日』がいたはずやから、三〇人ぐらいは参加すると思てたんです」。

丁はカミングアウトの機会を失ったが、卒業間際に大きなチャンスが訪れた。卒業式で卒業証書を本名で受け取らないかと「民族学級」の教員に声をかけられて、丁は即座に「やります!」と答えた。本名宣言ができる。「ホンマに絶対にやりたかったから」。

ところがまたしてもシャッターが下ろされた。親の承諾が必要と言われて、父に本名宣言したいというと「絶対、あかん!」。「お前はだまされてる。そんなことしたら、全部バレてしまうやないか。地域にも、近所にも。うちの商売（お好み焼き屋）に差し支えるから、絶対にあかん」。

このときは丁も父親に泣いて訴えた。本名宣言こそ「本当の解放が来る」と。だが商売に差し支えるという壁は越えられなかった。「諦めました」。

丁章の抑圧感は、小中学校より世界が広い高校へ行くとさらに深くなった。「中学校のときは通名でも、『在日』やと知ってるんですが、高校では知らないんです。せやから余計に抑圧感が強くなって、いちばんしんどかった」。商売のお好み焼き屋が猛烈に流行っていて、その手伝いが忙しくて、それに逃げていた面もあった。

「毎日、午前零時までやっていた店を手伝うて、後片付けが終わると二時か三時です。それから猪飼野(いかいの)まで行って、屋台の串焼き屋で食べて、深夜テレビ観て、学校へ行くのは『笑っていいとも』観てからでした」。進学校だったが「出席もぎりぎりで、せやから高校の同級生に、お前ほんまに勉強してへんかったなあ、とだいぶあとになって言われました」。丁は呵々大笑する。

大阪外国語大学Ⅱ部中国語科に入学したのは一九八八年である。ところが入学して間もなく丁は抜き差しならない問題に直面する。知り合った大学の日本人女性との恋愛、そして結婚である。彼の前に立ちはだかったのが両親、とりわけ母親の強烈な反対だった。

「日本人は絶対に差別する」「章、お前は日本人をよう知らんからや」「章は差別って何か知ってるのか」――それはすさまじい反対で、嵐のようだった。息子の章はどうしたら反論し、説得できるかを必死で考えたが、「反論できるような具体的で実体的なものが何もなかった。空っぽでした」。その状態はまるで「精神の危機」だったと、J・S・ミルの体験に託して表現した。

結局、丁がたどり着いたのは「この女性が好きなんやという、単純な思い」だった。「好きになる自由、結婚する自由」である。そうするとその自由を獲得するために闘わねばならないと思った。両親が息子の自由を阻むほど日本人への不信の底には、日本と朝鮮との歴史がべったりと貼りつき、横たわってあることに丁は気づいて愕然とする。「僕は朝鮮人やと思っているけど、ぜんぜん朝鮮人らしいところがないじゃないか、空っぽやないか。それから朝鮮の歴史や在日文学などを猛烈に読み漁るんです。これ、好きな人と一緒になりたいという自由を獲得するための僕の闘いでした」。

丁が今の妻と出あって自由を求めて悩み、葛藤し、闘っていたのは入学した一九八八年から翌年である。中国で「天安門事件」が起き、解放を求めた自由が戦車によって押しつぶされたころである。「僕の求めようとした自由と質はちがうけれど、やはり自由の問題としてつながっていると思った」。

丁章が独学でハングルを勉強し、ようやく自分の本名(ウリマル)をどう読むのかを知ったのは、恋愛問題が燃え上がっていた二十歳のころで、「朝鮮」籍が無国籍であることを在日文学などで教えられた時期とも重なる。

彼が「朝鮮」籍の無国籍者であることを意識的に選び取るようになって海外へ行くようになったのは、学生時代の一九九三年に中国へ行ってからである。それ以後、いくつかの国へ行っている。しかし彼は無国籍なのでパスポートは持っていない。代わりに法務省発行の旅券に準じる

「再入国許可書」を所持しているので、それで渡航は出来る。ただこれはあくまでも日本への再入国を認める証明書であって、彼の国籍を証明するわけではない。丁が持っている「再入国許可書」の冒頭のページには「この許可書は、（略）所持人の再入国許可のために交付するものであり、所持人の国籍を証するものではなく、その国籍に何ら影響を及ぼすものではない」という但書きがある。そのために丁が入国できなかったことが二〇一五年に起きた。

丁はこの年六月台北の淡江大学で開催の「移動の中の日本――空間・言語・記憶」というシンポジウムに招聘され、講演する予定だった。丁は「ひまわり運動」で盛り上がっていた学生や市民らと交流できると期待して台北経済文化弁事処にｗｅｂでビザ申請したところ、受理できないと返事があった。台湾外交部の説明では、丁の「再入国許可書」の国籍欄に「朝鮮」とあり、これは朝鮮民主主義人民共和国であり、その国名をクリックしないとダメだというのだった。丁が「朝鮮」は共和国という国を指しているのではなく、記号であり、地域であるというのは日本政府の見解で、台湾政府が言うように「朝鮮」籍を共和国とクリックするのは、虚偽申請になるとくりかえし説明したが、わかってもらえなかった。やむなく彼は台湾行を断念し、オンラインでの講演になってしまった。

「僕にとって『朝鮮』籍であることによる無国籍を貫くのは譲れない線で、いわば志操なんです。無国籍だからという理由で移動が制限されるとするなら、人権侵害やと思うんです」。ただこのケースはｗｅｂ申請によるシステム上の障害なのかどうかははっきりしないところもある。

丁の祖父母らのルーツは韓国の四カ所にある。彼はルーツの地に家族で行きたいとずっと思ってきた。しかしこれまで五回ビザを申請したが、いずれも発給してもらえなかった。最初は九五年ごろだが、そのときに大阪領事館のビザ申請の窓口職員は丁の「信条」は理解するが、「あなたの信条はあなたの責任で持つもので、発給はできない」言うのだった。二度目は二〇〇〇年三月で、このときは郵送で申請した。すると領事館に手続きにくるようにと連絡があり、期待して行った。すると韓国の臨時パスポートである旅行証明書での手続きを求められた。この旅行証明書は、丁によるとその根拠になっている「在外同胞」を「在外国民」「外国国籍同胞」に限っていて、彼のような「朝鮮」籍の無国籍者は「在外同胞」から見落とされているのである。だから丁が韓国政府発行の旅行証明書の使用を認めることは、彼が「在外国民」あるいは「外国国籍同胞」を承認することになり、「僕の志操に反する」のだ。彼にとって「朝鮮」籍は全き志操だった。領事はしかし丁の意見に同情しつつ、突っぱねた。「同情はするが、現在の法律では不可能です」。

三度目の申請は翌〇一年五月だったが、二度目と同じように旅行証明書での入国を求められた。〇八年八月の四度目の申請も同じだった。結局、韓国の場合は旅行証明書の根拠になっている在外同胞法が、丁章にとって壁になっていることが明らかだった。

二〇一〇年八月、五度目の申請時に丁は質問状を添付した。「朝鮮籍維持者には総連や北共和国とは異なる無国籍者としての朝鮮籍者がいることを韓国政府は認識しているのかどうか」。これに対して領事は、事実上の無国籍者がいることは承知しているが、そうであっても「在日同胞」である以上、旅行証明書が必要というのであった。領事はしかし、丁のような無国籍者が再入国許可書でビザ発給を受けて入国を望んでいる請願のあることを本国に伝えると言ったのである。

丁はこうして一〇年以上にわたってルーツの旅ができるよう求めてきたが、無国籍の「朝鮮」籍を貫く丁の志操の前に国家が立ちはだかる。

丁はしかし、サラムを自覚した処女詩「はらからの誓い――尹東柱（ユンドンジュ）の墓の前で」（一九九六）の最終連で日本帝国によって獄死させられた詩人・尹東柱に誓った。

あなたが獄死した日本から
あなたが空になり
風になり
星になった歳と
同じ歳になったわたしが
ふたたび
わたしの美しき　また別の故郷に
あなたの白骨が眠る延辺に訪れて
あなたである空と風と星と

詩に
これからの恥なき人生を誓う

あなたが求めていたものを
死ぬ日までわたしも追いつづけよう（前掲第一詩集）

だから丁は諦めない。何とか壁を突破しようと二〇一八年一一月に韓国政府に直接、ｗｅｂによる請願書を提出し、「朝鮮」籍無国籍者も旅行証明書の使用ができるような法改正を提案したのである。具体的には在外同胞を定義した在外同胞法第二条に無国籍同胞あるいは国籍未選択同胞も在外同胞にふくまれるようにという提案であった。請願書では法改正の提案について無国籍の「朝鮮」籍を生きる「志操」について熱く語り、「祖先の地を自由に旅してみたいという人間として当たり前な私の望みが、どうかかないますことを私は祈る想いで待ち望んでおります」と訴えた。

韓国法務部からはていねいな回答があった。「改正の法律案が発議されたら、貴下のご意見が反映されるよう支援します」。それでも今のところ丁の望みが実現する道は近くはないようだ(注)。

それにしても越えきれんような、あるいは突破するのがきわめて困難な問題に直面しても丁の決してあきらめない、柳のようなやわらかな粘りとひらめきに圧倒される。まなじりを決してというのではないが、すっくと闊歩するような丁章がいる。

無国籍の「朝鮮」籍を生きる丁は国家に懐疑的だが、平和的な南北統一の国ができた暁には国籍を取得するのだろうか。

「僕は、国家は人間を幸せにする共同体としてあってもいいと思うし、そういう国家ならそのメンバーになりたいと思う。人間の幸せには平和が不可欠なんですが、国家は最終的には戦争をしちゃうんです。そうなると国連もゆうてるように必ず無国籍者が生まれます。だから国家には戦争や紛争に歯止めをかける装置が必要なんです。南北統一の国ができてもその国が戦争をしない歯止めの装置がなければ僕はたぶん無国籍のままやと思う」

こう語る丁はかつて『詩と思想』（二〇〇六年五月）に掲載の「平和の条」というエッセイで書いている。「国籍取得の可能性についていつも私に向かって輝きを放ちつづけるのが、この列島に在る『平和の条』なのである」。つまり日本国憲法第九条を指しているのだ。つづけて彼は「『どこかの国民で在ろうとする』その決断をいつか私が下そうとするとき、その大きな（もしかすると唯一の）根拠となり得るのが、現日本国憲法第九条であろう」と結んでいた。共和主義者の丁にはしかし、日本国憲法第一条から第八条までの天皇条項があるかぎりその選択はないだろう。

それでも第九条は「眩しいほどきらきらと輝いている。あれがあるというのはとっても安心感があるんですよ」と丁はいう。首の皮一枚でつながっているような九条だが、それがあるのとないのではゼロと一のちがいだと改めて思う。

安倍晋三政権が立憲主義を破壊して安保法制をつくったことで丁の危機感はとても大きくなったが、エッセイと同名の詩「平和の条」(『詩碑』)では、懐疑を織りこみながら詠んでいる。南北統一の国家への帰属についても明確な答えを出していた。

お天子さまの軍隊が無ケレバ
北と南の戦争が無ケレバ
あの半島に生まれてこられたかもシレナイ
この列島の暮らしの上には
平和の条がキラキラと輝いている

戦争は放棄したハズなのに
もしやまた戦争することにナッタラ
この国の籍の無い者は
どうなってしまうダロウ?

兵士にならずに済むかもシレナイが
収容所送りになるのカナ?

この国の籍を持つ連れあいと子らとも
引き裂かれてしまうカナ？
友人や財産もミンナすべて
国に奪われてしまうカナ？

平和の条がキラキラ輝いて見える

たとえ南北が一つになったトシテモ
それが戦争のできる国ナラバ
兵士に化ける国民になんかナリタクナイ
平和の条を掲げる国は
ナント輝いて見えるコトカ

ナノニこの国には象徴がオラレテ
籍を取るには
ナント敷居が高いコトカ

殺シタクナイシ殺サレタクナイ
ソノヨウニ願う者には
平和の条がキラキラと輝いて見えるハズ

この世のすべての国が
平和の条でキラキラと輝くのはイツカ？

* 丁章の墓参をめぐる経緯は、李里花編著『朝鮮籍とは何か』（明石書店、二〇二一）に収められている丁章の「なぜ無国籍の『朝鮮』籍を生きるのか？」に詳しい。

5　南京へ通いつづける接班人（ジェパンレン）

山内小夜子さん

提供：山内小夜子さん

レイプされ、無惨に転がされた中国人の女性……思わず顔をゆがめた。目をそらしたくなった。でも見なければ。でも胸が押しつぶされそうだ。ふと高校の教科書の脚注の南京事件が頭をかすめた。でもまさかこんなことが行われていたとは……。ぜんぜん知らなかった――。

写真の説明文を通訳の常嫦（チャンチャン）さんが読んでくれるのだが、遠くで聞こえるようだ。辛くてたまらない。写真を追っていくうちに、もしかしたら日本兵だったうちのお祖父さんが写っているかもしれない。そんな気が忍び入って怖くなってきた。写っていてもおかしくない。だってお祖父さんは、日中戦争に行っていたのだから。ドキドキしてきた。写っていたらどうしよう。どうすればいいのか。胸がざわざわして、頭のなかが混乱してしまった。

一九八八年八月一五日、中国の古都・南京市にある「侵華日軍南京大屠殺遇難同朋紀念館」で展示されていた日本軍の南京大虐殺を語る写真を観た二八歳の山内小夜子は、全身を打ちのめされ、くずおれそうになった。

初めて訪ねた「紀念館」の展示写真を観た感想を訊ねるわたしに、山内は三〇年以上前の激しい動揺がせり上がってきたのか、記憶をまさぐっていたのか、しばらく口を切らなかった。やがて「すごいショックやったんです」とつぶやき、また沈黙した。数十秒したろうか。山内は「うーん」「うーん」と小さく二度ほど呻き、レイプされた女性が放り出されたおぞましい写真に遭遇した瞬間の記憶の心象を短くことばにした。

「祖父は写っていませんでした」。だがそれは安堵ではなかった。歴史を知らずに「ここへ」きたことがいたたまれなかった。いったいここで何があったのか。いや日本人はここで何をしたのか、どんなふうに中国人を殺したのか。南京の人たちは一人ひとりここで何があって、どうなったのかを固有名詞で知っている。でも私はわずかな脚注程度のことしか知らない。南京の人たちは決して日本をよく思っていないだろう。山内自身も予期しなかった南京への終わりなき旅がはじまった――

真宗大谷派教学研究所の研究員になって間もなかった山内は、そのころ研究所が編纂していた『資料集　真宗と国家』（明治、大正、昭和前期の全一〇巻）の仕事をしていた。大谷派は明治期から朝鮮や中国に布教所、寺、さらに別院までつくって海外開教をしていた。山内は「昭和初期」の海外開教の資料で、上海別院が現在どうなっているかがわかる写真と当時の写真を一緒に掲載すれば資料集がより豊かになると思った。そのためには現地へ行くしかない。それが訪中の最初の動機だった。

「戦後生まれの私は、東本願寺が海外開教をしていたことを研究所に入るまで知りませんでした。とてもびっくりしました。戦争の時代に中国、朝鮮、台湾など植民地や占領地に東本願寺だけでなく、西本願寺も、それに神社もたくさんつくっていたことを知って、戦争は殺し／殺されるだけでなく、占領政策のなかで人の内面を宗教を使ってどんどんかすめ取っていったんだなあと思いました。その中で仏教界は大きな役割を果たしていたことを自覚せざるを得ませんでした」

東本願寺は海外に別院や布教所などを何と二〇〇カ所以上つくったというから、宗教の海外侵略である。「もちろん残っているのはゼロです」。

当時はまだ宗教の海外開教の専門研究がはじまったばかりで、学術研究を目的で訪中することには障害が多かった。しかも「教科書問題」や首相の靖国神社公式参拝問題などがあり、日中関係は良好ではなかった。そこで山内は映画『侵略』を制作し、そのパートⅡをつくるために募集していた「南京大虐殺実態調査記録訪中団」（団長・森正孝）に参加した。

調査団の旅は、日中戦争開始から数カ月後に日本軍が上海から南京へ突き進んだ侵略の道をたどり、「南京大虐殺」の実態調査をするのが目的だった。訪中の前に大阪で一泊二日の事前学習会があり、それに参加して山内は日本の中国侵略の背後に、たとえば在日中国人の徐翠珍が取り組んでいた指紋押捺などの問題があることも知る。

「南京事件や731部隊の生体実験などについてはほとんど知りませんでしたが、すでにはじまっていた『中曽根靖国公式参拝違憲訴訟』には大谷派の在野の人たちが反靖国連合をつくっていましたから、靖国問題とアジアの戦争の問題が直結していることはわかりました。でもその戦争がどういう戦争なのかは具体的には知りませんでした」

訪れた東本願寺の元上海別院ができたのは、東京招魂社が靖國神社に改称されたのと同じ一八七九年である。山内が訪れたとき別院は解体中であった。「でもやはり現場に立つと、写真とはぜんぜんちがって、歴史を実際の時間のなかで感じました。別院は三階建てでしたが、頼んで内部に入ることはできました。もちろん写真も撮りました」。山内は、上海別院のあと訪中団と南京へ行き、「紀念館」で衝撃の写真を目にしたのである。それまでは、上海で写真を撮って資料集に載せてと、のん気に考えていたことが一気に吹き飛んでしまった。

山内は初めての南京行きでもう一つの心に残る出あいをする。

「『紀念館』を見学したあとだったと思うのですが、紫金山に案内されて、その広大な風景のなかで数千数万の中国の人びとが虐殺されたことを教えられました。でも、膨大な死者は数でひとまとめで捉えるのではなく、肉体と精神を持った一人ひとりの人間だったのだと思うと、私は激しく揺さぶられました。それまで戦争ということばを抽象的に使っていたのですが、じつは戦争の実相を何も知らなかったんです。人が大量の人を殺したという圧倒的な事実に、人間存在が根底から崩されるような危うさで心が震えてしまって……」。山内は、何も知らずに生きてきた「大きな欠落」を思わずにはいられなかった。

紫金山の麓には集団虐殺地跡の記念碑「東郊叢葬地記念碑」がある。訪中団のフィールドワークで記念碑の説明をしてくれたのは、「紀念館」の女性副館長の段月萍（ダンユエピン）だった。山内はそのとき、段の話に驚いた。

「南京に半年前、一人の元日本兵が来ました。その人は東史郎（あずましろう）さんという方で、南京の人びとに謝罪されました。そしてこの東郊叢葬地記念碑にも来られて、この付近一帯で亡くなった三万人以上の受難者に膝を屈して謝罪されました」。南京事件五〇年の一九八七年一二月一三日のことだったという。段はことばを切らずにつづけた。「私たちは日本で証言することがどれほど大変なのかをよく知っています。ですから東さんの勇気に深い敬意を表しています」。

山内はそのときまでは漠然と、南京の人たちは決して日本兵をふくむ日本のことをよく思っていないにちがいないと思いこんでいた。「段さんのことばを聞いて、私は誤解していたと思いました。中国人はちゃんと事実を認め、後悔し、謝罪をする人に対してはその勇気を受け入れてくれるのだと思いました。私は加害者といううしろめたさもあって、許されるはずはないという中国人像をつくっていましたので、段さんがそう言われてとても驚いたし、感銘しました」。山内は、中国人の懐の深さを初めての南京への旅で胸底深く刻んだ。

それだけではなく山内は、副館長の段の話の中に出てきた東という元日本兵のことも気になった。集団虐殺の現場で半世紀後に謝罪をしたことに驚き、すごい人がいるんだなあと思った。「でもそのときは、その人に会いたいとは思っていませんでした」。二年後にとんでもない事件が起きなければ——。

山内はその後、「天安門事件」などを除くとほとんど毎年八月一五日に南京通いをつづけ、さまざまな形で事件の幸存者（運よく生き残った人びと）や遺族、そして市民らと長く交流を重ねていく。女性通訳の常娟（チャンチャン）、紀念館館長の朱成山（ズゥチャンシャン）、副館長の段月萍（ダンユエピン）、さらに南京大学で南京事件の先駆的な研究者の高興祖（ガオシンズ）らは、山内にとって幸存者や遺族らにつないでくれた恩人のような人びとだ。

山内がとりわけ「大きな橋渡しをしてくれた」と感謝をするのが、のちに世話になる通訳の戴國偉（ダイグオウエイ）である。彼の親族には、大虐殺の被害者がいる。本人も六〇年代半ばの文革時代に苛酷な下放の体験をしていた。山内は戴のことを「朋友」、つまり「同志」だという。そこまで言えるには「十数年かかった」。小柄で語り口は淡々として、あまり熱を感じさせないが、彼女の持続する行動力に気圧される思いだ。

山内が南京にここまでかかわりつづけることになったきっかけは、南京事件という圧倒的な戦争と歴史を知らなかった自身への痛恨の思い、だからこそ深く知らねばという責任を思ったからだった。

南京へいくたびに、山内は新しい出あいや発見をし、彼女の心は感動と感銘の波動に満たされる。だが帰国してしばらくすると、いつも時の砂と日常世界の作用に感動が溶けていきそうな感覚に襲われる。それが山内をたまらない気持ちにさせる。

「一九三七年の歴史と一緒に生きている南京の人たちと過ごすと、とても強く心を揺さぶられ、少しは共有できたと思って昂揚して帰国すると、日本の日常世界の時間や歴史認識に組みこまれて、感動や感銘が磨滅するというか、薄れるというか、過去のものになってしまうんです」

そんな山内に「南京」は過去ではなく、今ここに生きてあることだと思わせる事件が起きた。

一九九〇年当時衆院議員だった石原慎太郎がアメリカの月刊誌『PLAY BOY』（一〇月号）のインタビューで「南京事件は中国人が作り上げたうそ」と発言し、共同通信配信や『日経』や『朝日』などが大きく伝えた。石原は南京大虐殺についてインタビューにこう答えていた。「日本軍が南京で虐殺をおこなったと言われていますが、これは事実ではない。中国側の作り話です。これによって日本のイメージはひどく汚されましたが、これは嘘です」（同誌の日本語版一一月号より）。

山内は、石原発言を知って胸が張り裂けそうになった。とりわけ石原が大虐殺は中国人が作り上げた嘘と言ったところが山内には許せなかった。

「南京で私に説明してくれた通訳の常嫦（チャンチャン）さんや南京大学の高（ガオ）先生のことを石原は『ウソつき』と言ったんですから。虐殺のことを語りたくないおじいさんやおばあさんの話を作り話だと言っているんですから。被害者や研究者らへの耐え難い侮辱です。虐殺された人数が二〇万とか、三〇万とかというレベルのことではなく、ウソと言った一言がね」。物静かな山内の口調が珍しく尖った。

南京事件が過去の問題ではなく、現在の問題としてあるのだと山内は石原発言によって確信した。山内は九〇年夏に一緒に南京へ行った、「アジア・太平洋地域の戦争犠牲者に思いを馳せ、心に刻む会」（「心に刻む会」）など主催で抗議集会を一二月一三日に開くことを企画した。そのとき山内は、ふと段月萍（ダンユエピン）から聞いた東史郎のことを思い出した。「そうだ、東さんに集会で話をしてもらおう」。

京都の丹後半島の北西岸で日本海に突き出た丹後町間人（たいざ）（現・京丹後市丹後町）に住む東は、第一六師団福知山聯隊の元兵士で南京戦に参加し、八七年七月に京都の市民団体「平和のための戦争展」の求めで、従軍日記などを公開し、大きなニュースになった。それによって東らが大虐殺にかかわったことが明らかになった。この「日記」をもとに東は同年一二月に『わが南京プラトーン』（青木書店）を出版していた。東が南京へ行き、謝罪したのは京都の戦争展から一カ月ほどのちであった。山内はしかし、京都の戦争展のことも東の本のことも「当時は知りませんでした。私が東さんについて知っていたのは、紀念館副館長の段さんから聞いた話だけでした」。

山内が東と初めて会ったのは集会当日の一九九〇年一二月一三日で、会場の京都解放センター近くの喫茶店「陽」だった。そのときの東の印象について山内の記憶は鮮明だった。

「東さんは一九一二年生まれで、私はよぼよぼのおじいさんを想像していたのですが、とても若々しい感じで驚きました。この人が段副館長が勇気を讃えていた東さんかと」。この日から山内と東の、くんずほぐれつのような対話、衝突、絶交などがからみ合った交流が彼の亡くなる二〇〇六年一月までつづく。

「初めて会ったときどんな話をしたのかほとんど憶えていませんが、東さんはお前のお祖父さんは輜重兵やろ、悪いことはしてへんぞ。悪いことをしたのはわしら第一線にいた兵や、と言われて、そうかなあ、輜重兵だから悪いことしないで済むんやろうかと思ったことは何となく覚えています」

集会での東の証言はどうだったのだろう。山内は少し首をひねってことばを探すようにやや口ごもりながら言った。「うーん、正直言って、本当にこの人謝罪したのかしら？という感じがしました。戦争を経験していない戦後世代の私からすると、証言のなかに中国人への侮蔑的なことばや殺したときの表現にもどこかひっかかりました」。山内の東へのイメージはあまり良くはなかった。

山内らは糾弾集会後に、「中国人の作り話」「嘘」などの発言について石原に公開質問状を出した。これに対して回答を寄せた石原は、「作り話」や「嘘」については正面から答えず、数の問題にすり替えていた。

この集会から三年後の九三年四月、東の『わが南京プラトーン』で紹介されている一九三七年一二月二一日の日記にある東と同じ部隊にいた元兵士（記述では仮名）ら三人が記述は嘘だとして名誉毀損の訴えを東京地裁に起こした（「東裁判」）。原告になった元兵士の後ろに歴史修正主義者の存在が指摘されていた。山内は東から「裁判にかけられた」と電話をもらったが、大変やなあとは思ったが、日記では仮名にしているし、事実は変わらないから、まさか名誉棄損になるとは「思っていなかった」。だから東京地裁の裁判を遠くから眺めていただけだった。九六年四月二六日、東京地裁は日記の記述は虚構と認定し、東は敗訴したのである。

「まさかと思いました。そしてすぐに、これはすごいことになってしまったと思いました。歴史に対する日本社会の認識の質が変わるんじゃないか、変なことが起こるんじゃないかと感じたんです」。山内は東の思わぬ敗訴に戦慄した。

東が半世紀の沈黙を破って懸命な思いで語った戦争中の罪を語れないようにする圧力が働き、そのような歴史の事実を戦争を知らない世代が学べないようにする大きな力が働いているのではないか。ならばそのような動きを止めるのは私たち戦後世代の課題ではないかと山内は思った。八〇年代は文部省の教科書検定で日本の侵略の事実を歪曲した問題、首相中曽根の「戦後政治の総決算」発言、靖国神社公式参拝、昭和天皇の病気に対する総自粛、「日の丸・君が代」の強制など時代が大きく右へと動きだしていた。「東裁判」の敗訴はそうした文脈の一つとみることもできる。

山内は東裁判にかかわらなければと、控訴審に向けて中曽根公式参拝違憲訴訟で知った大阪の弁護士に頼んで、弁護団をつくった。支援組織として「東史郎さんの南京裁判を支える会」も結成し、山内も入れて五人が事務局のスタッフになった。山内はすでに中曽根公式参拝違憲訴訟の事務局をやっていたが、彼女はこうした事務局体制をつくり、になっていくオルガナイザーでもあった。

「でも私がしたことは、東京高裁の裁判期日に合わせて丹後半島から来た東さんと京都駅で合流して、新幹線で一緒に東京まで行って、裁判所まで同行し、一泊して一緒に帰ってくるぐらいでした」と謙遜するが、日常の仕事をやりくりしてつづけることはたやすくはない。

九八年一二月二二日、東京高裁は東の控訴を棄却した。上告したが最高裁は二〇〇〇年一月二一日に棄却し、東の敗訴が確定した。その理由について戦争責任が不問にされてきた日本の司法の問題だという指摘もあった。山内はしかし「あのねえ、私は敗けたとは思っていないんです」とすぱっと言って、つづけた。

「裁判に訴えられた東さんはそれを受けて、自分の主張を裁判でしました。そのことで東さんは勝っているんです。この裁判は東さんに喋らせない、口封じのために起こされた裁判です。加害証言で真実が明らかになっていくのを阻止するためです。でも訴訟になってから東さんはいろんなところに招かれてあちこちで証言活動をしました。彼が語ろうとしたことはどんどん広がっていったのです。だから東さんの口封じは出来ませんでした。私はそう思っています」。山内は秋の青空のようにさわやかな総括をするのだった。「甘いかもしれませんが」ということばを最後に置きはしたが。(注)

山内は控訴審から東と密につき合うようになった。九〇年の集会の証言時には、差別意識が強く「本当に謝罪しているのだろうか」と思った違和感は変わっただろうか。そう問うと山内は「変わりました――」。山内は語尾を伸ばして、口調を変え、感動するように大きな息を吐き出してその変化を説明した。

「すごく不遜な言い方になりますが、東さんも南京事件を学んだと思うんです。もちろん私たちも」。どういうことだろう。

「控訴審からかかわっていただいた、大阪の解放同盟浅香支部の書記長だった山本幹夫さん――亡くなられましたが――が東さんに与えた影響がとても大きかったと思います。東さんがなぜ簡単に中国人を殺せたのかが弁護団会議のなかで議論になって、戦争と差別について山本さんらを交えて東さんとじっくり話ができました。東さんは講演のなかでしばしば「支那」と言ったり、武勲を響かせるような語りをしていました。東さんのなかには、戦前・戦中と戦後が変らずにそのままのところがありました。それが議論を重ねていくうちに東さんは、自分の体験を客観的に見つめられるように変わっていったんです。戦争がなんだったのかを、戦争の根底には差別があることを東さんは気づいていきました。戦争を体験した人が、私たち戦後世代と一緒に考え、表現できるようになったんです」

戦争世代と戦後世代が共に考え、語り、南京大虐殺をとおして戦争を客観的に捉えるという、得難い経験をした東と山内だった。そこで山内は祖父のことを想う。

祖父は山内が一九八八年に「紀念館」を訪問した当時、まだ存命だった。ただほとんど寝たきりのような状態で会話はできず、山内は祖父から戦争の話を聞けなかった。日中戦争のときに、召集で四国の善通寺の聯隊から中国に派遣され、輜重兵だったことを父から聞かされただけだった。「夜中にヤーヤーと叫んで、暴れるので、どうしてなのかと訊くと、父があれは竹やり訓練のときの掛け声とちがうかというんです。父は、お祖父さんの戦争はまだ終わってないね、かわいそうやねって。他にも父から聞いた話では、祖父は中国で水攻めに遭ったとかですが、それは戦争のほんの断片でしかありませんでした」。

祖父が亡くなったのは一九九三年で、遺品にあった革製の黒い懐中手帳に「日支事」と書いてあり、「昭和一三年一月南京入城」と記されていたが、時期的には南京事件の少しあとになる。山内が「紀念館」の展示写真に、もしや祖父が写っているのではと身を固くしたのは、日中戦争に参加したのだから南京事件にかかわっているのではと思ったのだった。

「ですから私は、もっとも身近な祖父と戦争体験について語り合うことができませんでした。祖父は戦争を客観的に捉えられないまま亡くなってしまった。とても残念です。それに比べて東さんは、右翼との切羽詰まった闘いのなかで準備書面を一緒に作成しながら、戦争を捉え直せたのですから羨ましいと思いました」。山内は、改めてそう思うのだ。

そんな東との関係だったが、山内は「喧嘩もしました」と愉快そうに思い出す。南京の「紀念館」は東を支援した。ところが東はしたたかで、北京にある「抗日戦争記念館」からの支援も取りつけようと、南京戦後の徐州戦の「日記」をそちらへ寄贈したのである。それを知った山内は、電話をかけて東を叱責した。

「何をしてるんですか！　それは人の道としてダメでしょう！」

孫のような山内に叱られてた東は逆ギレした。

「日本一の無礼者！　もう弁護団会議には出ない。山内のおるかぎりは行かない！」

山内は受け流すように応じた。

「それなら仕方がないですね」

この一件を東は周囲の人に「山内は、子どもを叱るようにオレのことを叱りよった」と言ったそうだ。山内はそんなエピソードを口元をゆるめて楽しそうに話す。

東は町議会議員をするなど地元の名士だった。かなり「胡散臭くて、清廉潔白な人とは言えない。どこにでもいるふつうのおじさん」と山内は見ていた。そんな人が自分がしてきた戦争や過去を相対化するようになったことを山内は喜ぶ。「ほとんどの日本人は、戦争を相対化する方途をもたないまま、見つけられないまま、戦後ほったらかしにされてきたのです。戦後七五年たっても。それは戦争の世代にとっても、戦後世代にとっても不幸なことだと思うんです」。

山内が主体的にかかわった「東裁判」は、戦後世代が戦争体験を聴くレベルではなく、両者が対等に語り合って、体験者が戦争を客観的に捉えることができるという稀有な場をつくり出した。山内は鮮やかな戦後市民である。

東史郎は二〇〇六年一月六日に亡くなった。行年九四歳。


「いま風鈴が鳴っているでしょう？これは風が鳴っているのか、鈴が鳴っているのかどっちでしょう？」

一九五九年八月、愛媛県新居浜市生まれの小夜子が通った幼稚園の園長は、こんな禅問答のような問いを五歳か六歳の子どもたちに発するのだった。著名な禅宗寺・瑞應寺が経営していた幼稚園に通い、山内の家も檀家だった。そんな関係で寺の行事も少なくなく、幼いころから仏教に親しむ素地はあったのかもしれない。

父が住友化学に勤務するサラリーマン家庭の二人きょうだいの長女だった小夜子は、ごくふつうに公立の小中校に通い、新居浜東高校ではブラスバンド部でフルートを吹いていた。卒業時には「進学するつもり」だったが、とくにどの方面にという希望は持ってはいなかった。「歴史は好きでした。漢文、漢詩も好きで老壮思想に魅かれるところがありましたが、こだわっていたわけではありません」。むしろ「京都とかで、大学生活が楽しめたらいいなあと思っていたぐらい。それで何年か京都で過ごして結婚するかななんて、何となく平凡な将来を描いていた」から、友人が「ここ一緒に受けない」と誘われて「軽いノリ」で大谷大学を受けた。大学では文学部で中国文学を専攻したが、そこで出会った人たちが山内に「平凡」ではない、豊かな歩みへと導いた。

山内が入学したのは七八年だが、「女の時代」といわれた八〇年代のとば口で、上野千鶴子らのフェミニズムの潮流が大きくなりはじめていた。山内もその流れに乗るように、学内にできていた「女性史を学ぶ会」に参加した。そこでは「産む、産まないは女性の権利かどうか」などが議論されていた。

このサークルで山内は二年先輩の服部道子を知る。彼女は北海道の出身で「従軍慰安婦問題」をどう考えるのかと、優生保護論争とは異なる視点を山内に気づかせた。それだけでなく、服部はなぜ自分が北海道の東本願寺の寺に生まれたのかという問題意識を持ち、それが明治の早い時期の大谷派の北海道開教と深い関係があるという問題をテーマにしていた。新潟が出自の服部の祖父らがなぜ北海道に渡って、寺をつくり、どのように開教していったのか、どんな人たちが北海道開教をになったのかなどを調べていた。

「服部さんの問題意識の影響が強烈で、私は教学研究所に入ったときに海外開教をテーマにしたいと思い、上海別院の写真を撮りに行こう思ったのも彼女との出あいがあったからです」。山内は入学当初から高校で描いたような「何となく平凡な将来」とは別の道を歩むことになった。

服部は大学に残って開教研究をしたかったようだが、「女の時代」と言われながらも女性の研究者は、まだ冷遇されていた。彼女は大学に残らずに帰郷して、当時の国鉄のキオスクで働きながらこつこつと調査研究していた。その後服部は結婚し、丹波篠山の寺で三〇代の若さで夭折してしまった。服部のそんな非業の短い生涯の一端を聞くと、たしかめはしなかったが山内は服部の研究者精神を継承しようという思いを抱いていたのかもしれない。

山内は卒論で唐代の中期の詩人の李賀（字は長吉）を取り上げた。華麗で幻想的な詩が多く、魯迅、毛沢東も愛読し、日本では泉鏡花、芥川龍之介らも熱愛した。高校時代から漢詩が好きだったという山内だが、李賀とはやや意外な気がした。じつは五世紀末の南北朝時代の南朝（斉）の歌妓の蘇小小を取り上げたかったという。「彼女は遊郭にいた相当な知識人でした。当時、中国では女性は文学者にはなれなかったので、取り上げたかったのですが、そのころは先行研究がなく、手がかりもありませんでした。今からでは間に合わないとゼミの先生に言われて諦めました」。わたしは、山内の蘇小小論を読んでみたかった。

大谷大学は真宗大谷派の宗門立のカレッジで、親鸞の生涯や『歎異抄』などの授業は必修で、毎月二八日は公開講演会もあり、親鸞に出あう機会や場はあちこち日常的にあった。山内の大学時代の断片を知ると、これはとても結婚して平凡な道を歩むとは思えなかった。大卒後すぐに教学研究所の研究員になったと思ったが、違った。

「卒業するときに、田舎に戻ろうかな、何になろうかなとか迷った時期もありましたが、先生から何になるかではなく、何を生きるかのほうが大事だよと言われて。それに大学外でも知った親鸞を大事にして生きている人たちに出あったことも大きかったですね」。山内は大学時代にフェミニズム、親鸞、大谷派の開教などの歴史問題に出会い、生き方の芯を得たようだ。

一九八二年三月に卒業した山内は高槻市内の小学校教員になった。「大学時代にフェミニズムに触れ、先生のことばから女性差別のない社会、それに戦争のない世界を生きたいと思ったんです。教員の世界は男女の待遇の格差が少ないようにも思えました。灰谷健次郎さんや林武二さんらの本の影響もあったと思います」。

とくに憲法を意識して学んだわけではないが、非戦・平和・平等・人権感覚が自然に染み入っていた。教員になって三年ほどしたころだった。大学時代から友人と高槻市内で共同生活をしていたが、住まいの近くにあった国鉄の官舎からどんどん人がいなくなっていくことに気づいた。国鉄民営化の動きがはじまっていて、その影響だと気づいた山内はルームメイトと相談して、

「黙っていたら私たちも民営化に賛成していることになるよね。民営化に反対している社会党に入党しよう」となった。ある日、社会党の高槻支部に電話をして入党したいと伝えた。すると間もなく党の職員が身元調査にやって来た。

「お母さんをお願いします」

「お母さんではなくて、私が入りたいと言った本人です」

山内は今でも、どこか少女のような雰囲気があるが、当時は二〇代だったから党の職員も勘違いしたのだろう。こうして山内とルームメイトは一緒に入党したのだった。

ところがである。当時、高槻で指紋押捺拒否をしていた在日コリアンの子どもが小学校で差別されて通えないという事件が起きた。それを聞いて山内らは、社会党に入って一緒に運動しようと提案したら、彼から「社会党には国籍条項があるんですよ」と言われてびっくりする。そこで山内はルームメイトと「国籍条項がある社会党っておかしいよね」となって離党したという。「だから党員になったのはほんのわずかでした」。社会党に国籍条項があったとは不明にしてわたしは知らなかった。現在の社民党には国籍条項はない。

国鉄民営化反対のために社会党へ入党した是非はともかく、民営化の問題で沈黙していたらそれを認めたことになるから、何かアクションを起こさなくてはと、現実に行動したところに、その後の山内の生き方のかたはしを見るようだ。

「教員はとても楽しかったんです。とくにこどもたちといるのは楽しかった。高槻は当時、解放教育が盛んでした。教室では子どもたちは先生と子どもが向き合うのではなく、V字型にして子どもたち同士が対面するようにしてね。教室で一週間ネコを飼ったこともあるんです。最後の一年間持った三年生のクラスはとくに楽しかった」。山内は楽しかったとくり返した。

しかし山内は、教員を四年で辞めた。解放教育の一つの柱だった障がい児教育に山内はうまく向きあえなかった。「経験もなく、手がかりもなかった。学力保障をすることがその子の生きる力になっていくのだろうかとか、いろいろ悩んでどう考えていいのかもわからなくなったんです。壁にぶつかっていたんです。それに職場での組合関係がとても大変だったこともあります」。挫折に近い心境だったのだろう。

そんなときに教学研究所にいた友人に研究員を募集しているから受けたらどうかと勧められた。校長に相談したら「あなたはそっちのほうがむいているかもしれませんね」と言われて、決断した。

八六年七月、山内小夜子は試験を受けて、教学研究所では初めての女性研究員として採用された。少し回り道をしたけれど、山内は行くべき場に行った。当時彼女は真宗僧侶の資格は持っていなかった。山内が三年間、大谷派の専修学院に通って僧侶になるのは一〇年後の一九九六年である。

「僧侶でなかった女性の私を教学研究所の研究員として受容れたのは先駆的でした。今から思うと大谷派は懐が深いと思います」と少し表情を緩めた。だが教団の内実は必ずしもそうでもなかった。

教研の研究員になった山内は、ある坊守（住職の妻）から教団の根深い女性差別を聞かされる。彼女には男女二人の子がいた。

「二人の子が沖縄で親鸞の道を歩みたいと言ってくれた。命の平等、平和を願うということで。すごく嬉しかった。それで子どもたちは夏休みに得度式を受けようとしたら、男の子は九歳で受けられるが、女の子は二〇歳までダメという制度になっていると言われたのよ。娘に二〇歳になるまで得度できないってどう説明したらいいの？女の子だから諦めなさいって言える？　どうして女の子だからって二〇歳まで我慢しなければいけないの」。こんなおかしいことが身近にあるとは、山内は知らなかった。

そこで彼女はすでにできていた『真宗と国家』の明治編にある「近代史料年表」のなかで女性にかかわる事項を全部マーカーで引いていった。「あんまりなかったのですが」、一八七九年にそもそも女子の得度を認めないという決まりができていたことがわかった。それが一九四一年に許される。

「なぜ四一年かというと、戦争なんですよ。僧侶が召集されていなくなるので、寺院経営のために女子の得度が許されたのです。でも女性は住職にはなれず、あくまでも代務者でしかありませんでした。そんなこともわかったのですが、差別には必ずはじまりがあるということも改めて知りました」

さらに山内は、彼女が研究員になる二カ月前に女性坊守中央研修会が女性住職を認めてほしいと訴えたところ、宗務当局者が「女性に安心（あんじん）が語れるのか」などと、明らかな女性差別の発言がなされていたのを知って唖然とする。安心とは、教えを聞き、修行を積んで心が不動になった境地のことである。それは、女性には語れないというのだから暴論だった。この差別発言が大きなきっかけになって、一九八六年一二月に「真宗大谷派における女性差別を考える女たちの会」が結成され、女性住職の実現、宗門内での待遇の平等化、得度年齢の男女格差の是正などを求めて要望書を宗務総長（教団行政のトップ）に出した。「研究所に女性として研究員になれた先駆者なので、やれることをやっていこうと思っていた」山内は、会の結成呼びかけ人五人のうちの一人になった。

「女たちの会」の活動によって九一年六月二九日に、女性の得度年齢が男性と同じ九歳以上に改正された。また女性の住職就任については段階的に改められ、九六年に認められるようになった。

「改善されていったのは、女たちの会が声を上げたから。黙っていると、おかしいことがいつまでも変わらない。おかしいことは、おかしいと言える立場にある人にこそ言う資格があるんですから」

山内は毅然として言い切るのである。おかしいことはおかしいと声を上げる、アクションを起こすという山内の生き方はすでに大学時代から芽が出ていたようだが、その芽が大きくなり花を、そして実をつけはじめた。

山内は「東裁判」にかかわりつつ、南京への道を毎年歩きつづけた。それは大谷派教学研究所という組織、機構の研究員としてではない。あくまでも「一人称」の山内小夜子の行動だという。彼女が「一人称」にこだわるのは、誰一人として代わることができない「一人」の命こそが「公性、普遍性をもっていると確信するからである。「一人の命にこそ公性があるということを知ったのは、『真宗と国家』の第一巻の『巻頭言』でした。私は、このことばにすごく影響を受けていると思います」。これはたぶんに宗教の世界の観念からかもしれないが、「一人称」での言動こそ普遍性があるというのは、とても説得力があり、共感できる。

その「一人称」山内に信をおいた「紀念館」館長の朱成山（ズゥチャンシャン）から、二〇〇二年に「南京で宗教者の法要を、平和法要の形でかかわってもらえないだろうか」と山内に打診があった。それがきっかけで在野の大谷派僧侶山内は他の宗教者にも呼びかけて〇三年から「南京国際平和法要」がはじまった。二〇二〇年は新型コロナウイルスの猖獗のためにオンラインの法要になったが、一九年まで一七回営まれてきた。毎年、真宗者だけでなく、妙心寺派の僧侶、カトリックの神父、さらに韓国の宗教者ら毎回三〇～四〇人が参加しているという。

二〇一四年一二月九日、南京の地元紙『南京日報』は南京大屠殺遇難同朋紀念館が南京大虐殺の史実を伝え、紀念館の発展に大きく貢献した内外の一一人の人びとに特別貢献賞を授与し、そのうちの一人に山内小夜子が選ばれたと報じた。八八年以来の南京通いで幸存者や遺族らと交流を重ね、また「東裁判」を全身で支えてきたことへの評価もあっただろう。

「私は行かずにはいられないから行っているんです。南京には待っている人がいるから行くのです」。山内は南京へのかかわりを三〇年以上にわたって、自然体でつづけている。それにしても戦争を知らない世代の山内がこれほど戦争にかかわれるのは何だろう。

山内は南京大学の歴史学者の高興祖(ガオシンズ)が教えてくれた「接班人(ジェパンレン)」ということばが心に深く残っているという。先人のやり遂げた、あるいはやり遂げられなかった仕事や遺産を受け継ぐ人のことを、中国では接班人というのだと。

もう少し広げていうと、自分の人生のなかではここまではできたが、これ以上は出来ないから次の世代に課題として託し、つないでいくことがとても大切で、次から次へと歴史のバトンを渡していくこと、それを受け継いでいくことの大切さを「接班人」は語っている。

「私は、東さんがそれまで誰も言わなかったことを証言した、つまり声に出して言ったことを聞き、それを受けて動きました」。耳を澄まして聞いた人がいろんな形でそれに共鳴、共感して次の人に伝えていく、その役割を山内は受け継いだ「接班人」だった。それが国際平和法要につながったのである。

山内が声を聞いているのは、南京事件にかかわっている人たちだけのそれではない。大谷派には一九一〇～一一年にかけての「大逆事件」に連座させられた高木顕明(けんみょう)という僧侶がいた。当時の教団は天皇暗殺を企てたという国家のつくった物語を疑わず、顕明の僧籍を剥奪し、永久追放処分にした。絶望した彼は極寒の地、秋田監獄で縊死する。

教団が処分の誤りを認めて、謝罪し、彼の僧籍を回復して復権したのは一九九六年だった。それ以後、顕明が住職をしていた和歌山県新宮市にある浄泉寺で追悼の催しが行われるようになった。その場には全国から大谷派僧侶や市民が集まり、顕明が書き残した唯一の小論「余が社会主義」が朗読される。この追悼会は寺の山号の「遠松山」から「遠松忌」と呼ばれている。

山内は二〇〇四年に教学研究所から解放運動推進本部職員になり、「遠松忌」を担当してきているが、たんに仕事としてやっているのではない。山内にとって顕明は、日露戦争にぶち当たり反対し、しかも戦争を支持するために教団が親鸞の手紙にある文章を利用したことを真宗者はどう考えるかを問うた「重要な先輩」である。「余が社会主義」には、顕明のそのことばと問いが書かれてある。

遠松忌で「余が社会主義」が浄泉寺の本堂で朗々と読まれるのは、まさに顕明の声を現在の人が聞き、彼から出されている課題を考える場なのだと、山内はいう。

「浄泉寺という場は、顕明さんの声が聞こえてくる場です。それをどう聞くかはそれぞれの人によりますが、とても大切な場です。私は遠松忌を、場を開くと言っています」。ここでも山内は先輩の僧侶からの問いかけの声を聞き、それを伝える「接班人」となっているのである。

山内は首相の靖国参拝違憲訴訟、靖国合祀取消訴訟などの事務局の中心メンバーの一人として、また原告としてもかかわってきた。現在も琉球人遺骨返還請求訴訟、天皇代替わりの宗教儀式の一つである主基田抜穂（すきでんぬきほ）の儀違憲住民訴訟（いずれも京都地裁）の事務局をになっている。「一人称」の山内は異議の声を上げた人たちの声を聞き、伝えていく。山内小夜子はまさに受け継ぐ人、「接班人」である。

＊「東裁判」の顚末は、東史郎さんの南京裁判を支える会編『加害と赦し——南京大虐殺と東史郎裁判』（現代書館　二〇〇一）などに詳しい。

6　不当な命令への不服従は教員の責任

増田俊道さん

提供：増田俊道さん

大阪府立高校教員の増田俊道は二〇二二年三月、三六年間の教員生活を終える。それまで卒業式が一回だけ残されている。最後の卒業式をどうするか。二年近く前から増田は悩んでいる。大阪府教育委員会の「君が代」強制の職務命令に抗して自身の思想良心にしたがって式場で不起立をするか、それとも職務命令に服従するのか。

「君が代」の斉唱の時間は一分にもならない。その間不起立する、つまりただ座っている、それだけで教員生活の最後の場面で「免職」させられるかもしれない。あまりに理不尽ではないか。それならば、思想良心を投げ捨て、不当な命令にしたがって、起立するのか。それはこれまで生きてきた道を自らが否定することになる。そんなことは出来ないと、眼を閉じて首を振る。毎日ではないが、確実に訪れる卒業式での自分のあるべき姿を想像する。胸がぎゅっと縮むような圧迫を感じるときもある――。

増田を切岸に立たせるように追いつめているのは、大阪府が二〇一一年と一二年に制定した国旗国歌条例と、それと一体になっている府職員基本条例である。処分を明記して服従を強いる条例は、全国でただ一つ大阪だけにしかない。この一〇年大阪府立の公立学校の多くの教職員は、内心の自由を踏みしだき、脅迫まがいの二つの条例に憤怒し、悩み、悶え、苦しんで格闘してきた。多くはないが、不当な命令に抗して、処分され、やむなく人事委員会に不服申立てをし、さらに裁判で闘っている教職員もいる。それは彼らだけの抵抗を超えて、同じように耐え難い怒りと苦悶にあえぎながらも、抗し切れなかった他の教職員の思いを乗せた闘いでもある。

増田は二〇一三年と一八年の二回の卒業式で、府教委が条例にもとづいて出した「君が代」の起立斉唱の職務命令にしたがわず不起立した。自己の歴史認識、教員経験で得た人権意識、思想良心の自由などから決断した当然の行動だった。「教え子を再び戦場に送るな」は、戦後教員に課された責任だと認識している増田には、それを全うするには不当な命令には従わない市民的不服従権の行使でもあった。

府教委は増田を一三年と一八年の二度とも戒告処分にした。彼は他の被処分者六人とともに処分撤回を求めて府人事委員会に不服申立てをし、さらに一三年の一回目の処分については二つの条例や職務命令などは違憲違法だと、処分の撤回を求めて大阪地裁に提訴した。

府人事委員会は、府教委の処分を妥当と判断し、増田の不服申立てを退ける裁決をした。裁判でも、大阪地裁、高裁は訴えを棄却し、最高裁も二〇一九年暮れに上告を退け、一度めの処分については司法的には終わった。

「僕は、最高裁が二つの条例をまともに検討すれば、違憲判断をするのではと期待していました。でもまったく検討すらされずに棄却されてしまいました。甘かったかもしれませんが、違憲判断できるのは最高裁しかないと思っていましたから、口惜しくてがっかりでした」

ギターを奏で生徒らにも歌を披露するめっぽう明るい増田だが、最高裁判決によって二〇一八年の二度目の処分後から「免職」というのっぴきならない状況がちらつきはじめた。だからこそ最高裁に「期待していたのです」。上告が棄却されて以後、増田は教師生命が「首の皮一枚の状態になった」とさえ思うのである。

増田が二度目の戒告処分をされた二〇一八年五月一八日付の文書には、禍々しくも「警告書」が添付されてあった。「今後あなたが同一の職務命令に違反する行為を繰り返した場合……免職することがあることを警告します」。職員基本条例には、懲戒処分を受けた職員が、同じ内容の違反を三回受けた場合の「標準的な処分」は「免職」と規定され、それを二度目の処分の際に、文書で警告すると決められている。教育者の身分を脅迫するような規定である。当時、現役の高校教員で同じ内容で二度の戒告処分を受けたのは増田だけだったから警告書を突きつけられたのも彼ひとりである。

だから増田は、府人事委員会への処分不当の申立てでは、警告書の取消も求めた。「でも、まったく取り合ってもらえませんでした」。

増田はしかし、何の迷いもなく卒業式で職務命令に不服従を貫いたわけではない。二つの条例下で府教委が「日の丸・君が代」を実施するために職務命令を出すようになったのは二〇一二年三月からで、増田が不起立をしたのは三年生のクラス担任をしていた翌一三年三月一日の卒業式だった。教員になって二校目の府立池田北高校のときである。

大阪府では、前年の卒業・入学式の際に職務命令に従わずに不起立をした教員が何人も処分され、それを理由に定年後の再任用さえ拒否された教員もいた。それらの処分に対して被処分者が府人事委員会に不服申立をしていた。だから増田も勇気ある先輩の不服従の闘いに共鳴共感し、楽な気持ちで不起立をした。

「でもその時になったらできるかどうか不安がないわけではありませんでした。それは、悩みましたよ。決意はしていましたが、もしかしたら、その瞬間に起ってしまうかもしれないなあ、周りの雰囲気に飲まれてしまって。そんな一抹の不安もありました。尊敬する東京の根津公子さんさえ一回起ってしまったことがある、という話も聞いていましたから」。増田は一度目の卒業式直前の揺れる心をなぞった。

担当の社会科の授業で増田は、「日の丸・君が代」の歴史やそれが戦争にどんな役割を果たしてきたかなどについて教えてきたから、生徒らは彼の考えはわかっていた。それでも「当日の僕の不起立の行動がたしかに僕の意思だということを事前に生徒に伝えておきたいと思いました。ひょっとしたら生徒たちは、あっ先生、起つのを忘れているのとちゃうか、と思われたらイヤでしたから」。

自分の決断をただ実行しさえすればいいというのではない。教師としてクラスの生徒たちになぜ職務命令に従わずに不起立をするのかを、できるだけ丁寧に、きちんと伝えるにはどうしたらいいだろう。あれこれ考えたすえに生い立ちや学生時代のこと、教師として体験してきたことなどふくめて、その思いを書くことにした。それを口頭でも説明しよう。

「僕は、学級通信は得意ではないので、あまり書いていませんでした。でもやはり大事なことなので書いておこうと思いました。生徒たちに伝えれば、起ってしまうかもしれない退路を断つ思いもありましたから」

増田は卒業式の前日の二〇一三年二月二八日のホームルームで、前夜に作った学級通信を渡し、不起立することをクラスの生徒たちに語りはじめた。

「明日の卒業式での国歌斉唱の時、僕は起立して歌うことはしません」

父が広島で原爆に遭った被爆二世の増田は冒頭で決断を述べ、なぜ条例に従わないのかをつづけた。

高校時代は政治的にはノンポリで、どちらかいうと「右翼的で、天皇の存在は絶対的とも思っていました」。大学時代に被爆二世であることを意識し、二世の会などで活動し、アメリカの原爆投下の責任、さらに日本の被爆者だけでなく、韓国の被爆者とも交わり、日本の戦争の加害性について気づき、自身の歴史認識が変っていったと個人史を織りまぜて話した。

高校の社会科教員になってすぐ増田は教科担当とは別に人権教育推進の係を担当し、生徒たちにそのときの経験を話した。たとえば、人口呼吸器を使って医療ケアをしなければならない生徒への対応だった。当時の法律や制度は医療的なケアは、家族か医療従事者にしか認められていなかった。しかし増田ら教員はその生徒のために可能なかぎり教育権の保障をしていこうと動いた。だからときには痰の吸引などの医療的ケアをしたこともあった。このこともあってか二〇一二年度から講習を受ければ教員も医療的なケアができるようになった。

また「3・11」後の原子力発電所の事故と、それへの政府や電力会社の対応から、自分の命と健康を守っていくためには行動するしかないという確信を持ったことも話した。増田はそんな経験などを生徒らに紹介しながら、人権を侵害するような事態や出来事に出あった場合には、法や制度が障害になって手助けが出来ないなら、「悪法も法」だからと諦めるのではなく、良心にしたがって法や制度を変えていく努力を惜しまずに行動することが大事だと生徒らに熱っぽくかき口説くように語った。

増田はさらに生徒らへのことばを継いだ。「こうした経験などから、大阪の公立学校の卒業式や入学式での『日の丸・君が代』の強制の状況を見ると、とても異様です。条例や職務命令によって議論する雰囲気さえも失われてしまったのです。しかも処分によって少数者を排除するありかたは、江戸時代のキリスト教弾圧のための絵踏みや、近くは第二次大戦中のファシズムの到来さえ思わせます」。増田は社会科教師らしく歴史に引きつけて話した。

だからこそ教育公務員としては形式的な義務を果たすのではなく、自分の良心にしたがって市民的不服従を貫きたいと締めくくった。学級通信にはほぼ同じことを書き、末尾に灰谷健次郎の『兎の眼』に登場する「足立先生」のことばを置いている。

「バツはこわいし、クビはもっとこわい。おれだっていつもおまえさんたちを裏切るかもわからん。そういうただの人間や、おれにはおれの歴史がある、歴史が歴史をつくり、歴史が歴史をたしかめる」

真摯で、誠実な語りであった。生徒たちはどう受け止めただろう。

「うーん、生徒は僕が処分されることをすごく恐れていて、処分はクビになると思っていたようで、そこまでやらなくてもいいんじゃないかみたいな空気だったのですが、いやクビにはならないし、たぶん戒告処分だからそれには裁判で闘うつもりやと言うたら、クビにならへんのやったら、頑張りやみたいな感じでした」

卒業式当日、増田は何人か起たない生徒がいればと、「少し期待したんですが、いませんでしたね」。メッセージが生徒らにはすぐには届かなかったかもしれないが、「クビにならへんのやったら、頑張りや」というあっけらかんと反応した生徒らの誰かが、いつか〈そういえば、あのとき増田先生が良心にしたがって行動することが大事やというてたな〉と増田のことばを記憶の底から取りだすことがあるかもしれない。

増田の勤務していた学校で不起立は彼だけだった。「君が代」はほぼ四〇秒である。だが会場で独り不起立をつづけるのは、その空気を思えばかなりシンドイことではないか。

「いえ、条例後に不起立処分された諸先輩がZAZAというグループをつくって闘っていましたから、孤立感はありませんでした。その意味では、わりあい楽でした。本当に一人だったら、もっと迷っていたと思います。むしろ起ちたくないのに起ってしまった先生のほうがたいへんだったと思います。罪悪感のようなもので」

増田の知るある先生は定年までいたが、辛かったみたいだ。強制に服従するのが嫌なのに起ってしまったという自責や罪悪感で辞める先生もいるという。条例が出来て以後に精神的に辛い思いをする先生が少なくなく、病気になる先生もいる。精神医学者の野田正彰がかつて東京都の「10・23通達」からはじまった「君が代」強制によって精神的に不具合になる教師の状態を「君が代神経症」と指摘したことがあった。それが大阪では、条例以後に起きているのだ。

不起立した増田は二〇一三年三月一二日に戒告された。不当だったが、「それ以後の僕の腹は決まりました」。じつは増田は教員になって三年ほどして、辞めようかと思ってずっと悩んでいた。

「最初に赴任した学校では学力、家庭の状況などで進級できない生徒が少なくなく、中途退学者が毎年一〇人以上いて、入学してから卒業までに一クラスぐらい減ってしまったんです」。何とかしたいと思ったが、学校の内側から変えるのは難しいと思い、学校外のもう一つの学校、オルタナティブスクールをつくる運動にかかわっていく。一九九九年ごろに、同じような思いを持つ人たちと協力して箕面市内にそうした学校をスタートさせた。増田はその学校にずっとかかわりつづけたが、さまざまな事情があり結局、教員を辞めるところまでの決心がつかなかった。

「辞めたい気持ちを振り払ったのが二〇一三年の処分でした。府教委は僕のような教師がいることを望んでいない、むしろ辞めてほしいと思っている。だから逆に辞められるかというか、よし、このまま居続けようと思ったんです」。このとき定年は視野に入ってはいたが、まだ一〇年近く先であった。

増田が二回目の不起立をしたのは、二〇一八年三月の卒業式で教員になって三校目の豊島高校である。一回目の不起立から五年間はどうしていたのか。じつは二〇一五年の入学式で一年生の担任だったので出席はしたが、途中で体調が悪くなり退席せざるを得なかった。それ以外の年はいずれも卒業・入学式に出席できる三年生や一年生の担任を持っていなかった。

かつて卒業・入学式は、担任でなくても新入生を教職員全員で迎え、卒業時には全員で送るというのがふつうだった。それが、新入生と卒業生に対する教職員の自然で、温かい気持ちの表れだった。それが「日の丸・君が代」を強制する条例が出来てからは変わってしまった。「不起立するような教員が出席しないようにするために担任以外は出席できなくなったのです。出席者全員の所作が一つでないと目障りになるからでしょう。ですから僕のような教員にはできるだけクラス担任をさせないようにするんです。校長も処分にかかわるのを避けたいからです」。なるほど。そうまでして全教職員を服従させようというのが府教委の思惑である。

戦争の時代に、権力者や大勢にしたがわない人たちは「非国民」という刃を突きつけられ、排除された例は山のようにあるが、それと同質のことが「日の丸・君が代」を通じてなされ、それが今当たり前のようになっている。少数者を受け入れ、思想良心の自由を認める民主主義の基本が戦後日本に根づかないうちに、「日の丸・君が代」が「国民」を支配する装置として利用されるようになってしまった。増田はだから、抵抗するのである。

増田が二度目の不起立をした一八年三月の卒業式では、当日まで校長と増田の間で「起ってくれますね」「悩んでいます」などという神経戦のような攻防があった。増田は決断していたが、最後まで不起立するとは言わなかった。それを口にすれば「式場外の勤務という職務命令が出される」からだ。増田が式に出て不起立すれば、「日の丸・君が代」の強制に服従しない教員が一人でも存在していることが明らかになる。それは、少数者の存在を前提にする民主主義にとってとても重要なことだし、思想良心の自由を不起立で無言で伝えることにもなる。増田はそう思った。しかし府教委は民主主義を否定するかのように増田を許さず「免職」の警告付きで戒告処分にした。増田の闘い、抵抗は最終場面へと移る。

裁判などでの「日の丸・君が代」の闘いがはじまったさなかの二〇一四年、増田は安倍晋三首相（当時）の靖国参拝に対して大阪で起こされた違憲訴訟の原告になった。

「僕は一九八九年に結成された大阪教育合同の組合員ですが、靖国問題に遺族として関わっておられる組合員から原告にならないかと誘われました。でも、裁判中だったのでどうしようかとても悩みました。それに靖国って遠い感じでしたから」

夏休みを利用して増田はつれあいと靖國神社へ行き、神社だけでなく付属の遊就館を丹念に見学した。「いやあ、びっくりしました。遠いと思っていた靖国が『日の丸・君が代』問題、教育の問題と密接につながっていることがわかって、とても近く感じました」。増田は靖国違憲訴訟の第二次原告に加わった。

「遊就館の展示は、愛する人のために国を守るというふうに思わせる演出がとてもうまくできています。第二次大戦は敗戦していない、まだつづいているんだというような戦争の位置づけで、戦争で亡くなった人たちは国の礎で、だからその人たちは英霊で、次の世代もつづくべきだというメッセージが伝わってきて、怖いと思いました。見学者の感想を読むと、純粋な気持ちで日本のことや祖先のことを敬う気持ちを巧みにすくい上げて戦争を肯定するような方向へ持っていくようになっているんです」

アジアの戦争被害者への思いがないことにも被爆二世の増田は衝撃を受け、靖国は戦争責任と戦後責任を見えなくする装置だと知った。こうした戦争観や歴史認識は、増田が教員として根っこにしてきた二度と侵略戦争をしないという反省を土台にして、それを子どもたちに伝える教育と真っ向からぶつかる。だから侵略戦争に果たした「日の丸・君が代」を押し付けることと靖国の思想と重なっていると実感したのだった。

増田は安倍靖国参拝違憲訴訟で大阪地裁に出した陳述書の中で書いている。

「靖國神社の境内にある遊就館は、その『英霊』の遺書や遺品を展示し、明治以降の戦争を『美しく』解説しています。そこには戦争の臭いはなく、戦争遂行者である天皇や軍部の反省もなく、ただ、愛する家族のために命を捧げたことのみが美化されて展示されています。

かつての学校の教員は、靖國神社を利用しながら、『英霊』になることをこどもたちに強要し、戦争に加担していました。私はそのような教員になることは一切拒否したい」

安倍靖国参拝違憲訴訟は最高裁までいったが原告敗訴で終わった。「靖国訴訟は『日の丸・君が代』訴訟とくらべると、あまり主体的には取り組めなかったと反省していますが、原告にならなければ僕たちの抱えている問題と靖国問題がこんなにも近いのだということに気づかなかったと思います」。

「日の丸・君が代」裁判と靖国裁判が進行中の二〇一七年二月、増田は広島地裁と長崎地裁に他の二世の四六人とともに被爆二世に対する援護措置を求めて国家賠償請求訴訟を起こした。増田は、父の被爆地が広島だったので広島地裁に提訴した二二人の原告の一人として加わった。

全国で三十数万人以上といわれる被爆二世の多くは親の被爆による影響と考えられる発がんリスクを抱え、いつか何らかの影響が出るのではないかという不安に怯えながら生活を送っている。増田も子どものころからよく夏風邪を引き、疲れると鼻血を出し、現在も高脂血症、高血圧症、高尿酸値などで薬が欠かせない。大学一年のときから一〇年以上、被爆二世に協力的な医師のおかげで健康状態などをチェックしてもらっていたが、最近は途絶えていた。ところが二〇二〇年一月に亡くなった父が似た健康状態だったので、放射線の遺伝的影響がとても不安になっている。

親が受けた放射線被害による遺伝的影響はすでに一九五〇年代後半から指摘されていたが、国は被爆二世らを対象にした健診はなかなか実施しなかった。七九年になってようやく実施されるようになったが、被爆二世がもっとも心配しているがん検診はふくまれていなかった。その検診以外は、被爆二世には何らの援護措置もされず放置されてきた。

国会では一九八九年と九二年の二回、参議院で被爆二世への援護をふくむ法案が可決されたが、衆議院ではいずれも可決されずに成立しなかった。九四年に被爆者援護法が成立したが、被爆二世についての規定は盛り込まれず、付帯決議で政府は被爆二世への健診の継続と影響の調査、研究、対策を配慮するよう求められたが、一般的な検診のほかは何もなされてこなかった。原爆投下は国の戦争責任と密接な関係にある。被爆二世への援護は国が負っている責任であるにもかかわらず、立法措置がなされてこなかった。増田らはだからこの裁判で国の立法不作為を問うている。

「私たち被爆二世は被爆者援護法の対象にされていないので被爆者健康手帳が交付されていません。ですから実際に放射線による影響で病気になっても、あるいは健康不安があっても手帳がないので、医療費の免除なども受けられません。被爆者援護法が適用されれば、手帳が交付されます。『黒い雨訴訟』で『黒い雨』の降雨地域の人たちが健康被害を受けたのに手帳が交付されないのは違法だと訴えたのは、ですから当然なのです」

二〇一六年になって長年の全国被爆二世団体連絡協議会（全国被爆二世協）の運動の結果、ようやく健診の項目に多発性骨髄腫検査が追加された。また二世協が「被爆二世健康手帳」の発行も求めていることについて、厚労省は被爆七五周年の二〇年一二月に広島市・長崎市、全国の都道府県が作成・発行する「被爆二世健康記録簿」のひな型を示す方針を明らかにした。前進の兆しが少し見えるようになった。

「日の丸・君が代」強制への闘いに加えて増田は教員生活の終盤になって、「靖国問題」、さらに被爆二世問題という戦争とその責任にかかわるとても大きな課題と取り組むことになったのである。増田が被爆二世であることを意識するようになったのは大阪大学に入学してからだった。「僕はいろんな面で、大阪で一八〇度変わりました」。どう変わったのか。

一九六一年、広島市北部の安佐北区可部町で、サラリーマン家庭の次男坊として生まれた増田は、小学校五年生のときに友だち二人とボーイスカウトに入団した。地元の安佐第5団で、隊長は浄土真宗本願寺派の寺の住職で、その寺が第5団本部でキャンプの練習も寺の境内だった。

ボーイスカウトは階級制で、初級から一級、二級へと上がっていく。ボーア戦争を戦ったイギリスの将軍が創設しただけに「軍隊予備隊でした」。制服を着て、規律正しいので、ライオンズクラブなどのイベントの整理などに動員されると、警察官のような扱いを受けた。上からの命令には絶対に服従することも教えられた。

初級段階で最初に教えられたのが「日の丸・君が代」だった。「『日の丸』を正しく掲揚でき、『君が代』を正しく歌えるように教えこまれた。「ですから僕は家でも祝日には日の丸の旗を揚げていました。それが身についていて、高校生になっても揚げていました」。

　ボーイスカウトに入団した前後に、日露戦争時に海軍大尉だった母方の祖父が「生長の家」の信者で、自民党議員の玉置和郎講演会に連れて行かれたことを「とても鮮明に記憶しています」。小学校六年か中学校一年だった。

「講演が終わったあとに祖父が僕を控室まで連れて行って、玉置議員に会わせてくれました。将来、何になりたいのかと訊かれて、僕は、ハイ国連職員になりたいですって言ったら、そうか頑張れよと握手してくれました」

　母も祖父の関係で「生長の家」の会員になっていたようで、毎月何か読み物が送られてきた。それを増田少年が読んだ記憶はないが、広島大学付属高校三年のときに「日の丸・君が代」について意見を書くようにという課題が出されて、増田はこんな内容のことを書いた。

「日の丸・君が代によって日本人の民族心が高められる。オリンピックで日本人選手が活躍し、日の丸が揚がり、君が代が流れることによって民族の心が一つになる」

　増田の意見を担任がクラスで紹介すると、わりあいリベラルな雰囲気だったクラスの中で失笑が広がったという。ただ増田は政治的ではなく、自覚的にも右翼と思ったことはないが「今の日本はだらけているなと思っていました。日本人として正義感を持って日本のために頑張りたい的な感じは持っていました。今から思うと『生長の家』のイデオロギーにはまっていたんですねぇ」。

　けれども増田は、中学校時代に「ふつうにあった体罰」には強く反発し、校則にも違和感があった。「小学生の時から髪の毛を伸ばしていたのですが、耳にかからないように切れと教師に言われて反発し、制服の白シャツ半ズボンも嫌いで、母に少し直してもらったことがあります。ですから体罰や校則への反発があり、理不尽な物言いをする教師は大嫌いでした」。

制服があり、規則を守り、服従心を育てるボーイスカウトではそれらに反発はしなかったかと問うと、「何でしょうね」と思い出して首を少しひねった。ボーイスカウトは中学校二年で退団したという。どうも増田は自由を縛ることに、そもそも抵抗感があったのかもしれない。「僕に二面性があったのかなあ」と、過去の自分を不思議そうにふり返り、「そういえば僕は冒険家の椎名誠に憧れていましたねえ」。

ボーイスカウトで忘れられないのは、中学一年生のときに北海道の千歳原で開かれた日本ジャンボリーだった。増田は安佐第5団の代表で参加した。ジャンボリーでは、自衛隊の給水に世話になり、当時皇太子だった明仁（のちの平成天皇）の視察を全員で制服、整列して、敬礼で出迎えた。「違和感なく出迎えました。この天皇観はなかなか払拭できませんでしたね」。

ナショナリスティックではあったけれど、いっぽうで自由への希求心も生来的に強い子どもだった。どんな人でも整合性をもって歩めるわけではない。とりわけ子どもにあっては。

子どものころに母から「お父さんは被爆したけれど、元気だからね」と聞いていたので、被爆二世について知ってはいたが、あまり意識はしなかった。三菱造船所に勤めていた父からは直接聞いたことはなかった。その父が突然、胃潰瘍と十二指腸潰瘍で大量に吐血して倒れた。増田が大学受験を控えた高校三年生になる直前の春休みだった。父は、胃を三分の二と十二指腸を取った。大手術で輸血の際にB型肝炎に感染した。入院が長引き、収入が途絶えてしまった。父はこの病気のときに医療費が無料になるというので、四人の生存者に証言してもらってやっと被爆手帳を取得した。七九年春だった。

思ってもみなかった父の病気で増田は進学を断念し、就職しなければならないと覚悟したが、叔父らの援助で一浪して一九八一年に大阪大学人間科学部にパスした。それでも入学金が用意できず、「朝日奨学生」になって入学金とその後の授業料や生活費は新聞配達などで乗り切った。

入学して間もなく大学の先輩に誘われて「大阪被爆二世の会」に入会した。広島にはすでに七三年七月に「全電通広島被爆二世協」が発足していたが、大阪では労組単位ではなく二世の立場で二世の問題に取り組んでいこうと、増田が入学するかなり前の一九七四年三月に「被爆二世の会」が発足し、差別・健康・平和の三つの課題を掲げて活動をはじめていた。

「大阪被爆二世の会」の運動を通じて「被爆二世の自覚が生まれた」増田の世界は急速に広がり、韓国の被爆二世ともつながろうと何度も訪韓して交流するようになった。彼の活動はさらに広がり、国際学生軍縮連盟にも所属し、当時アメリカの大学にいた秋葉忠利（のちに広島市長）の紹介でアメリカの大学生をヒロシマ・ナガサキに案内するプロジェクトを担当した。その折りに、四人のアメリカの大学生を広島の自宅に泊めて父に被爆体験を話してもらった。増田はこのとき、初めて父から被爆の様子を聞いた。

江田島出身の父は中学校一年、一二歳のときに広島市内の建物疎開に動員されて被爆した。爆心地から二・七キロのところで、父は建物の内部にいて壁が倒れてきたが、机の隙間に入って助かり、爆風や熱線も壁にさえぎられて浴びなかった。しかも父は運よく、その日の夕方か夜に宇品港を出た船で無事に江田島へ帰ったという。父はしかし、建物の外にいた同級生らがたくさん爆死し、彼らを見捨てて帰ったという思いに苛まれ、子どもたちにも話せなかった。それもあって被爆手帳も取らなかった。「父はあまり話したくなかったようですが、僕はもっと早く聞いておけばよかったと後悔しました」。

ボーイスカウトや「生長の家」の影響を受けていた広島時代の増田だったが、大阪での「被爆二世」の活動を軸に、ナショナリストふうの衣をどんどん脱ぎ捨てて「平和の徒」へと変貌していった。増田にとってさらに大きな出来事は大学二年の冬に香港大学で開かれたアジア学生会議に参加したときの体験だった。

香港大学では日の丸が焼かれて、その写真が載っている新聞を見せられた。エレベータの中には"Don't use Jap"と落書きされていた。一九八二年で、その年文部省の教科書検定で侵略が進出に書き換えられるなどでアジアからの日本批判が噴き上げていたさなかであった。「ああ僕は、日本の戦争や植民地支配のことを何も学んでこなかったと愕然としました。ものすごいショックでした」。

それだけではなかった。アジア学生会議のテーマは国際的な人権問題で、参加したアジア・太平洋地域の学生が意見交換する場で、南アフリカのアパルトヘイト政策を容認しているのは日本政府だけではないかと、厳しく追及された。日本社会の人権意識の低さを強く意識せざるを得なかった。

大阪で一八〇度変わったと言い切るほど、あらゆる意味で大阪での出あいが現在の増田の原点になったのである。「日の丸・君が代」についての歴史認識も獲得した。広島時代には大嫌いだった教師の道を選択したのも大阪時代の体験、経験、出あいだった。「若い人たちがきちんとした歴史認識が持てるようになってほしい。そのためには教師はいいのではないか。教育実習を母校でやっていっそうその思いを強くしました」。もっとも入学してすぐに知り合って「一目惚れ」した現在のパートナーが教員志望だった影響もあったかなと、照れくささを笑いにまぶしてつけ加えるのだった。

増田が大阪府の教員に新規採用されたのは一九八五年五月である。敗戦四〇年のこの年、当時西ドイツの大統領だったヴァイツゼッカーがナチスのなしたあらゆる行為を反省し、過去に目を閉ざしてはならないと歴史認識を語った。いっぽう、かつてドイツと軍事同盟関係にあった日本の首相中曽根康弘は、戦後総決算を掲げて八月一五日に靖國神社に公式参拝した。その直後の八月下旬、文部省(現・文科省)が高石邦男初等中等教育局長名で全国の都道府県・政令指定都市の教育委員会と教育長宛てに、入学・卒業式での「日の丸・君が代」実施の徹底を求める通知を出した。八五年は「日の丸・君が代」強制元年であった。

八九年には昭和天皇の死に際して文部省は弔旗掲揚を指示し、「日の丸」が先行して教育現場に押しつけられ、学校での攻防が各地で激しくなった。一〇年後の九九年二月末に広島の県立高校長が「日の丸・君が代」の実施を強要する県教委と抵抗する組合との板挟みで自殺する事件が起きた。校長自殺を奇貨としてこの年八月に「日の丸」「君が代」はついに国旗国歌として法制化された。侵略戦争・植民地支配と天皇・天皇制賛歌の装置、シンボルとして機能し、それへの反省もないまま「日の丸・君が代」は再び「国民統合」の道具として登場してきたのである。

法制化されたのは増田が教員になって一四年後で、大阪でも「日の丸」をめぐって管理者側と教職員の間で攻防はあったが、職務命令などはなかった。「君が代」も持ち込まれていなかった。

大阪府の人権・解放教育は、他の都道府県に比べてより深く、広く、長くつづけられてきた歴史があり、それが強力な防波堤になってもいた。各学校には人権担当の教員がいる。増田は被爆二世だったからか、新規採用された八五年から社会科の教科担当とは別に人権担当教員にもなった。

「法制化で恐ろしい時代に入ったと思いましたが、国会審議の中で政府が強制はしないと明言していたので、多少の安心感はありました」。それが一気に変わったのは、橋下徹が二〇〇八年に大阪府知事になり、彼が主導して結成した大阪維新の会（現・日本維新の会）が大阪の政治の主導権を握ってからだ。維新が主導して制定された国旗国歌条例と職員基本条例は、処分を背景に職務命令という強制によって一気に大阪の公立学校に浸透していった。二つの条例はじつに強力で、「日の丸・君が代」をめぐってかつてあった管理職と現場教職員との激しい攻防もほとんどなくなっていく。それは人権が押しつぶされていった歴史でもあった。

「人権解放教育の歴史のある大阪の教育で、座るだけで処分される事態がくるとは想像もできませんでした」。長く人権・解放教育を担当し、今も勤務校の人権教育推進委員長の増田は深いため息をつく。

「免職」の警告を突きつけられている増田が教師として最後の抵抗の意思を示すには、二〇二二年三月の卒業式に出席できる三年生か一年生を担任していなければならない。「不起立カラー」の教員として知られている増田を管理職がその人事をするだろうか。「僕は退職までに担任を持たせてほしいと校長に希望を伝えているが、難しいかもしれません」。

「ただ、じつは担任の成り手がいないのです。週三日勤務や高齢のために時短勤務などで、フルタイムでやっている教員は半分ぐらいしかいません。ですから当然、僕は担任になるべき位置にはいるんです」

ところが、人権担当教員にも成り手がいないという。人権担当教員は授業が軽減されるが、いじめや差別の問題などがあり、処分や外部との折衝や交渉もありかなりハードである。それをこなしていける教員が少ないのが現状である。人権・解放教育のベテランで、現在の人権教育推進委員長の増田は貴重な存在なのだ。そうなるとクラス担任から外される。

予想したとおり二一年三月の人事で増田は二一年度も人権教育推進委員長を任され、担任を持たされなかった。卒業式に出席できなければ、抵抗の意思を示す最後の機会はない。どうするか。増田はしかし自らも励ますようにわたしにこう言うのだった。

「僕は、憲法に書いてある思想良心の自由を守るためにいるんです。だからそれが侵害される状況に対しては当然、異議申し立てをします。異議申し立てをしなければならないんです」

それにしても、内心の自由を踏みしだく大阪府の二つの条例はあまりに過酷ではないか。

増田は二〇一八年から独立労働組合の大阪教育合同労組の執行委員長をしている。その組合事務所の壁にラミネートした大きな写真が貼られてあった。

「写真のなかで座っているこの人見て下さい。僕ら不起立をしている人間の大先輩なんです」

一九五二年四月一日、琉球大学校庭で行われた琉球政府創立式典の写真である。式典では、米軍への宣誓を誓う全議員が名前を呼ばれ、直立不動の姿勢で起立していった。ところが最後列の人物だけが名前を呼ばれても返事もせず、椅子に座ったままだった。その様を切り取った、印象的な「不起立」の写真である。その人物は「カメジロー」で知られた琉球人民党の瀬長亀次郎だった。

「カメジロー」は個人的な英雄主義で座っていたのではなく、「県民の意思を踏みにじり、全面的軍事占領下においたアメリカ帝国主義への抗議と抵抗の意思表明」として「不起立」したと写真の説明にある。写真のタイトルは「米軍への宣誓拒否」とある。増田は那覇市内のカメジローの資料館「不屈館」でこれを見て「ぐっときて」購入した。
「存命中にお会いしたかった」と残念そうに言うのだった。カメジローのまつろわぬ精神と行動に大きく心を動かされた増田の表情は、何か決意を秘めているようにも感じられた。

二〇一九年三月、増田は春休みを利用して「世界各地の民主教育を見るツアー」に加わってスウェーデンへ行った。目から鱗だったのはスウェーデンの教育の目的を知ったときだ。
「学校は民主主義を学ぶためにあるという考え方で一貫しているんです。学校の目的はデモクラシーを育てることだとはっきり言って、それを実践しているんだと」。そうか、だから環境問題でグレタ・トゥンベルさんのような人が現れるのだと、増田は膝を打つように納得したが、すぐに自分たちは、と思わざるを得なかった。

増田は二度目の不起立をした後のホームルームでギターを弾いて生徒らに好きな歌を歌った。ふだん集会ではジョン・レノンの「イマジン」などを歌うが、このときはMr.Childrenの「終わりなき旅」を歌った。「みんなのために歌います」と言って。

「嫌なことばかりでは無いさ　さあ次の扉をノックしよう
もっと大きなはずの自分を探す　終わりなき旅」

で、この歌は終わる。

「終わりなき旅」は、免職を突きつけられている増田俊道の定年までの、いやそれ以後も見すえた思いでもあろうか。増田の人生は定年で終わらないのだから。

7 食を通して大地に「平和の種」を蒔きつづける

森山幸代さん

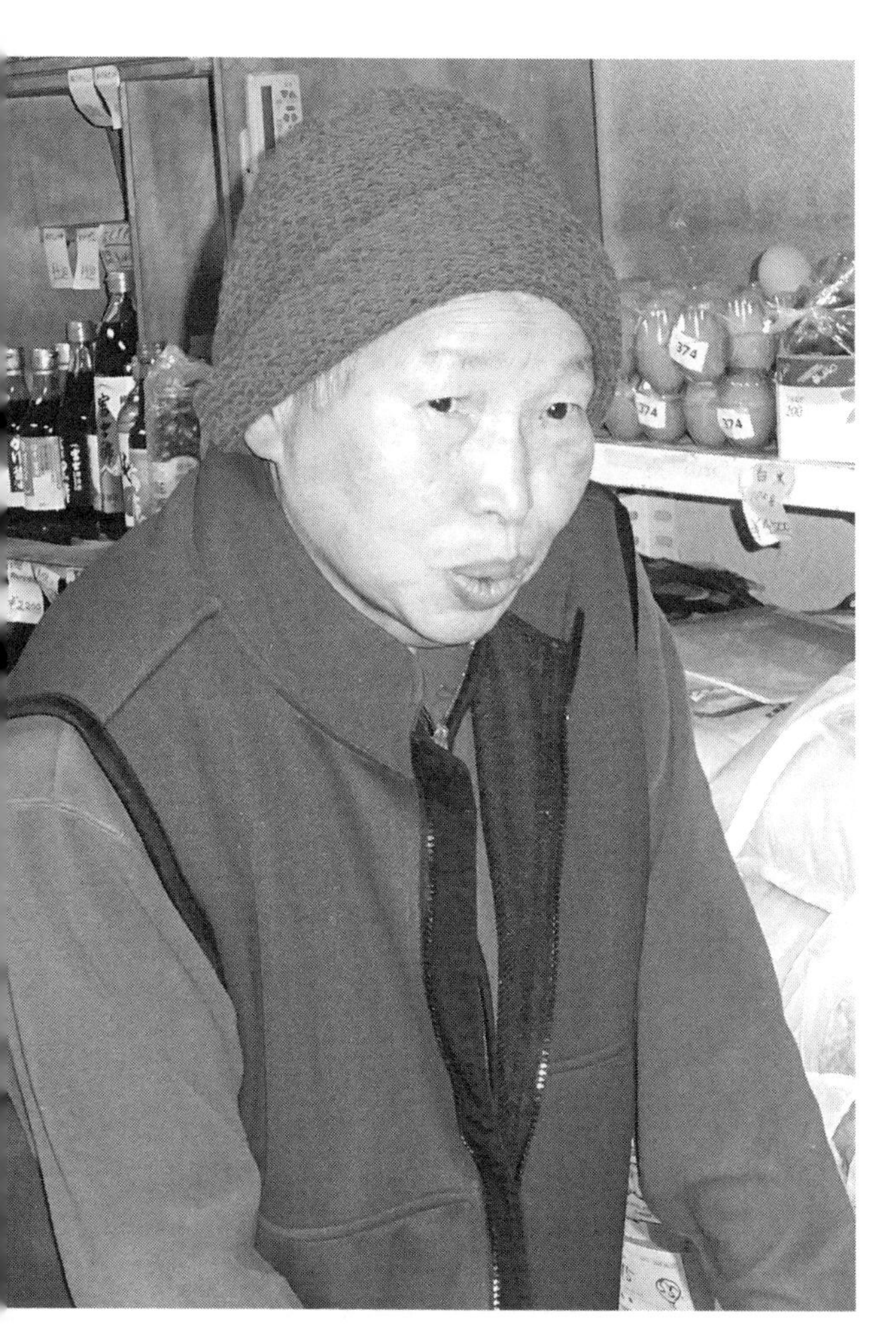

撮影：相馬宏さん

八月末の北海道旭川の空は広く、高く、透き通るよう。機内のアナウンスは30℃と伝えていたが、空気はからっとしていた。

もう秋だよ。空港まで知人の運転で迎えに来てくれた森山幸代は群青色の空を見上げて短いことばを投げた。

今年は稲が早いね。旭川市内へ向かう車窓の両側に果てなく拡がる緑一色の田んぼに目をやった森山が後部座席からドライバーの知人に声をかける。

「玉ねぎ列車が走り出したよ、ほら」。森山の指さすほうに目を向けると、ＪＲの長い貨物列車が走っている。玉ねぎ列車？

「八月下旬から翌年の四月末ぐらいまで玉ねぎを積んだ列車が、毎日二回、北見などから出るんだ。二五〇トンぐらい積んでね。仙台、東京、名古屋、大阪などで下ろして福岡まで行く。もう百年ほど前から走ってるサ」

玉ねぎ列車が視界から消えると、森山は突然がまんならないといった口吻でぽんとことばを投げてきた。「北海道の農産物が全国に運ばれて、それを食しているのに北海道でコロナの感染が広がったから北海道の農産物は買わないっていう東京都民の声をテレビが流していたけど、そんなこと言ったら食うもんねえぞって。北海道が頑張ってるから食えるんだぞ。そうだろう」。同意を求められたわけではないのだが、わたしは小さく顎を引いた。

「食は人間の基本。だから安全な農産物を」を掲げて森山が旭川市内ではじめた有機栽培農産物などを扱う店「北海道大地」は、二〇二一年六月で三七年になる。「食は人間の基本」と森山が言うのは「食は人権」だと考えるからだ。

旭川市五条通にある「大地」は店の構えも内部も土の香りがいっぱいだ。倉庫や駐車場も入れて一六五平方メートルの小さな店内は、農産物がコンクリートの床や段ボール箱に収穫したてといった表情で置かれてある。無添加の加工食品も目につく。

「北海道大地」は企業ではなく、グループ共同体でもない、ＮＰＯ法人でもない、ごく初期をのぞいて森山がひとりで運営してきた。「人間、平和に生きるには、たおやかでなければダメなんだ。食はその基本。もちろん食っていかなきゃいけないから商いだが、安全な食品を普及・中継していく運動だと思ってやってきた」。扱う農産物の種類は季節によって異なるが、二〇〇にはなるだろう。有機ＪＡＳマークを表示している農産物は「六割ぐらいかな。でもＪＡＳ認証マークはなくても、まちがなく農薬は使っていないとわかっている農産物をふくめると九割になる」という。

――私はね、小さいころからもち米がだめだったんだ。家は農家だから、祭りや祝いごと、それに葬式があると赤飯やぼたもちをよくつくるんだけど、私は食べるとばーっと湿疹が出るんだ。けがしたあとでもち米を使ったもん食べると、すぐ化膿して大変だった。それがわかってからぼたもちは一切食べさせてもらえなかった。火傷したあとはもちは食べちゃいかんという言い伝えもあるサ。もち米の成分のアミロペクチンという物質の影響だって聞いたことがある。よくわからないけど。

農家はね、女の子でも戦力なのサ。だから小学生のころから学校から帰るとすぐ田んぼや畑で手伝うんサ。旭川では田植えは五月の半ばごろから六月までで、終わると子どもでも三日間ぐらい腰が痛くて、筋肉張って辛かった。だいたい九月半ばごろからの収穫だけど、小学校六年生のころには刈り取った稲束を一二kgぐらいは持ってたよ。

戦後の農家は、農薬とは切ってもきれないんだけど、私は生理的に農薬は怖いと思っていたよ。高校生のころ、田んぼのあぜ道に何本も棒が立っててね。それに赤い紙の旗がくっつけられていて、「そばに寄るな」って書いてある。それがホリドールっていう恐ろしい農薬だったんだ。二年ぐらいしたら使用禁止になって回収された。そんとき忘れもしないけど、ばあさんたちが、あの薬は良い薬だったなあって喋ってるんだ。どこが良いのか聞き耳を立てていたら、ネギの根っこのところに撒いたら白くて美しいネギが出来たって。ぶったまげた。あの人の畑のネギは食えないなあと思ったサ。そのころ農家では、農薬を使わないと野菜も米もできないって思いこんでいた。農薬が体に良くないのは知ってるし、それで病気になった人もいるんだけど、それも仕方ないって思っていたんだ。

だから子どものころから食物には関心があったし、農薬はイヤだったよ。今でいえば食の安全だよ。私の原点かな。

東鷹栖村（現・旭川市）の農家で生まれ育った森山の語り口はぶっきらぼう。どこか土の香り漂う。

「でもね、三〇代半ばぐらいまでは食の安全につながるような仕事はしてこなかった。若いころに大けがをした後遺症で長いこと体調が不安定で、ずっと具合が悪かったんだ。家でウジウジしてたんだよ。少しは働いてたけどね」

三歳上の姉が、ある日そんな妹を元気づけるように「三愛塾って聞いたことあると思うけど、面白い先生がいるから行ってみたら」と勧めた。農民のための学習塾・三愛塾のことは、旭川農業高校時代に教師から何度か耳にはしていた。

姉に背中を押されて森山が名寄のクリスチャンセンターで夏と冬の年二回開かれていた三愛塾で受講するようになったのは一九七〇年代の半ばごろである。

「面白かった。そのころ、種苗店に勤めていたんだけど、終わったら名寄までぶっ飛んで行ったよ」。三愛塾は森山が食にかかわる問題と向きあうきっかけになった。三〇歳になる少し前である。

三愛塾は一九六〇年に創立されたキリスト教系の北海道酪農学園大学の初代学長・樋浦誠（ひうら）が提唱した「神を愛し／人を愛し／土を愛し」にもとづいて六〇年代初めにはじまった農民学習塾である。

「その当時、百姓には学問はいらないなんて言われていたころだった。樋浦先生は、中学校を出て学びたいと思っている農家の青年たちに学ぶ場を提供し、これからは学んで実行していかなければ農民の生活は向上しないと考えていた。三愛主義はデンマークでキリスト者がはじめたと聞いたけど、あっちでは「土を愛し」ではなく、「国を愛し」だったらしい。日本は戦争と敗戦の記憶があって、「国を愛し」は相応しくないと「土を愛し」にしたと聞いた。それで良かったよ」

最初は酪農学園のある札幌郊外の野幌（のっぽろ）からスタートし、各地のクリスチャンセンターを使って広まっていった。森山が道北の中心の名寄クリスチャンセンターの三愛塾に行くようになったのは、旭川六条教会に通いはじめたのと同じころだという。

「講師は牧師や酪農学園の先生、大農家の体験者などさまざまだった。とても勉強になった。刺激も受けた」が、とくに「人と土を愛し」の思想を森山は自らの生き方の根っこにしていった。

「大学の先生は農業は土が良くなければだめで、有機・無農薬で作る農産物が良いとさかんに力説するんだ。それはそうなんだけど、畑作ったことのない大学の先生になんぼ良いことを言われても農家の人にはあんまりピンとこないわけよ。そのころの農業指導者は、この時期にはこの薬撒いてなんていうわけだよ。だから受講者の農家の人たちは先生たちの話を聞いても、どこか半信半疑なんだね。農薬を使わないと野菜も米も出来ないって思いこんでいたからね。でも私はそんなことないと思っていたよ。だって戦前は農薬なんてほとんど使わないでつくっていたからね。それに危険なホリドールの赤い旗の記憶もこびりついていたから」

三年ほどしたある日、クリスチャンセンターの主事から、水俣病の患者・家族が栽培している温州ミカンと甘夏の販路がなかなか開拓できずに苦戦しているので手伝ってほしいと頼まれた。旭川はミカンの消費が全国一だと、そのとき森山は聞かされた。

水俣病患者家庭果樹同志会のミカン栽培は、土の力を上げるため有機肥料を使い、除草剤も使わない。だから年間、十数回の草刈りをしなければならない。手間も暇もかかる。農薬は年四回だけ使うが、七月から収穫期までは撒布しないと決めていた。ミカンの生産は年に十数回の農薬を散布するのがふつうとされていたから低農薬だ。生産者は、水俣病で苦しんでいる自分らの作ったミカンを食べた人が健康を損なってはという思いだった。森山が主事の話を聞いて共同購入の責任者になって販売するようになったのは一九七九年の冬からである。

「水俣から旭川まで販売に来た生産者と一緒に私も道北一帯を回った。二トントラック二台でね。あるところで、水俣って和歌山県のどこにあるんですかと訊く人がいて、ひっくり返りそうになったヨ。水俣の人も返答に困ってね。ミカンは和歌山と思っていた人が多かったんだ」。森山はそんな「恥ずかしい」ことにもふれながら、現在もつづけている水俣のミカンの共同購入の担当者になった経過を話す。

水俣のミカンの評判はとても良かった。スーパーなどでのミカンと比べれば、器量は悪いが、味は断然に深かったから。しばらくすると共同購入をしている人たちの何人かから「ほかにも安全な農産物は扱わないのか」とくりかえし言われるようになった。でもそのころは、そこまでやる気はなかった。

「もちろん私は子どものころからの体験や三愛塾での学習で有機栽培や農薬を使わない農産物が良いとは思っていた。でもそのころ種苗店に勤めていたし、ほかにもいろんな問題を抱えていてね、気持ちに余裕がなかったんだ」

ミカンの共同購入を担当するようになって五年近くたった八四年一月の寒い季節だった。大きな転機が突然のように訪れた。三愛塾でのことだ。

「有機栽培で作れば、身体にいいんだからぜひそうしてください」

「でも先生、ほうれん草の葉っぱに穴が開いていたら、市場は通らんもんね。市場を通すためには農薬こってり撒かんとね」

有機栽培や農薬を使わずにつくる農産物は健康に良いとしきりに力説する大学の先生と中富良野から来た若い農業者のやりとりを聞いていた森山は、うーんと考えこんだ。子どものころから家の農業を手伝い、農薬や化学肥料使っていたら畑や田んぼがだんだんダメになって「かんかんになっていくのはわかっていた」。中富良野からの農村青年も有機農法や農薬を使わない農産物がいいというのは気づいていた。

「だけど、兄(あん)ちゃんは、市場が引き取らないという大きな壁があることを訴えていたんだけど、大学の先生はそんな実情を知ってか知らずか、有機は良いとだけ言うんだ。これでは中富良野の兄ちゃんは人間不信に陥ってしまう」。森山の心が動いた。

塾が終わってすぐに彼女は中富良野の青年に声をかけた。

「あんた、もしかして有機栽培や農薬を使わない野菜を売る店が出きたら作るか？」

「オレ、作るさ」

「そうか」

有機農業や無農薬の農産物をつくる生産者とそれを望む消費者をつなぐ、中継の店があればいいなあと森山も思いはじめていたころであった。森山の健康状態もふくめて彼女の環境も変わった。「オレ、作るさ」のことばは森山の転機になった。それからの森山の行動は早かった。

有機栽培や無農薬の農産物を扱う店をはじめる前、農業一筋の父とこんなやりとりをした。

「そんなことしてやっていかれるんか」

「やると決めたんだからやるっきゃない」

「そうか」

資金をかき集めて森山は、市内で元焼鳥屋の店を居ぬきで確保する。

一九八四年六月一日森山は二人の協力者を得て、宗谷本線・石北本線の旭川四条駅近くに低農薬・有機栽培の農産物を扱う小さな店「産直の店・大地」（その後「北海道大地」と改称）をオープンした。中富良野の若い農業者のことばからたった四カ月後である。「安全で美味しく、誰にでも買える農産物を提供する」をキャッチフレーズにした。有機ＪＡＳマークを表示しなければならなくなった有機農法が出来るはるか前である。当時、無農薬や低農薬、また有機栽培の農産物を謳う店は札幌に一店あったが、旭川では初めてだった。三六年後の今も「引き売り」は別にして森山の店だけだという。

「その当時、北海道は有機や無農薬を謳った農産物は本州から一〇年遅れてると言われてたんだ。でもね、本州の畑なんか広くたって一ヘクタルだよね。だけど北海道はその何倍もつくってんだヨ。だから有機栽培農法が良いって言ったってそんな簡単じゃないんサ」

「大地の名前？　あれはね、大地はすべてのものより低い位置にあり、大地はすべてを受け入れ、大地はすべてを育むということばを本で読んだことがあったから。なんでも孔子のことばだって聞いたけど、まあいいことばだから」。森山の思考はたしかに大地に根ざしていた。

中富良野の若い農民は森山の期待に応えただろうか。

「どんな野菜が来るかと思っていたらね、レタスが来たのさ。どっさり。店の前に積み上げたよ。虫ついてるよね。でもね、虫がつくってことは旨いからサ」

森山は「大地」を運動体とも考えている。開店してすぐに生産者と消費者宛てに手書きの通信を出した。

「勇気ある農家のおじさんおばさん、お兄さんが安全な食べ物をつくろうとしました。なぜなら、農薬や化学肥料で傷ついた田んぼや畑がかわいそうになったから。しかも化学肥料をまくと、土が力を失う。農薬をまくと身体の調子が悪くなり、その農薬をかけた野菜や果物をみんなが食べているからです。そこでおとうさんおかあさんたちが、そんな勇気のある農家を応援することに決めた。そうなると中心になる店がほしくなった。みんなで一所けんめいさがして与えられたのがこの店『大地』です」

森山の土と人への優しさがじんわりと伝わってくる素朴で誠実なメッセージだ。

「大地」をはじめたきっかけは、直接的には生産者に「安全な食べもの」をつくってもらい、それを求める人たちに届ける中継店になるという運動だった。その根っこには、食は人間の生命だからというのが一貫した考えとしてある。

だが八〇年代半ば、この国では金さえ出せば食べ物でも何でも手に入らないものはほとんどない時代になっていた。経済合理主義は農村にも及び、手間も時間もかかる割には生産性の高くない有機栽培農法にかける農家はとても少なかった。オープンしたときから「オレ、七五歳まで『大地』の野菜作りつづけるよ」と言ってくれた人もいたが、稀だった。だから森山は有機栽培農法や無農薬で農産物を作ってくれる農家を開拓して回った。

ある生産者は初めて有機栽培に挑戦して「俺、やってみたよ」と、小指ぐらいのニンジンを持って来たこともある。「消費者がそれを買ってくれるかどうかはわからなくても、そうやって一所懸命に有機栽培農法に取り組んでくれる農家の人たちに感謝しなければと思ったよ」。

できた野菜が途中で枯れてしまったなどという声も寄せられ、試行錯誤がつづいた。生産者が相談にくるたびに森山も一緒になって考えた。

森山は農家の生まれ育ちだからとりわけ生産者への思いが強い。農業は気候に左右される。時間もかかる。日照り、雨と風、気温の高低、落雷、豪雪――といったことを考え「いつもお百姓さんの心を持っていよう。そう思っていたよ」と生産者にぴったり寄り添う。

協力してくれていた生産農家が亡くなり、息子の代になって有機に背を向けられたこともある。これまで協力してくれた生産者が突然、「大地」に供給してくれなくなったことも起きた。「なぜだか訊いてもはっきりしたことを言わないんだ。あとでわかったのだが、うちより高く買ってくれる有機販売業者に出すようになったんだ。そういうときが一番辛かったよ」。

消費者は身勝手だった。季節をどこかに置き忘れてしまったかのような誤解とわがままにたくさん出あった。「肌が汚い」「葉菜は穴だらけ」「虫がついていた」などという声は珍しくない。思わずうなったのは、季節には関係なくいつでもなんでも手に入ると思うような消費者が少なからずいたことだ。野菜をふくめて農産物には旬や端境期があることがわかってもらえず、「鼻で笑われたこともあった」。

「たとえばリンゴ。こっちは八月の末から翌年四月までだが、真夏にリンゴがないかという消費者がいてね。今はありませんと答えたら、スーパーには置いてるじゃないかと。それならどうぞそちらへ行って下さいと言ってやったよ」

無農薬と明示した野菜に「これ本当か」と疑う消費者もいる。「食べつづけてくれればわかりますよって言うんだけど」、なかなかつづけてくれないと嘆く。消費者の中には、金さえ出せば何でも買えるとでも考えている人や、少量の品でも自分だけは入手したいという自己中心的な人もいるし、初めは熱心でもつづかない人、生産者の立場をわかろうとしない人――だから運動に協力してくれる生産者に不快な思いをさせてしまったこともあった。

この運動は生産者だけでは成り立たない。生産者を理解し、協力する消費者が必要だ。森山は生産者と利用者である消費者とをつなぐために意見交換の場を定期的に設けた。「互いが理解し、顔の見える関係を作って協力しないとこの運動は進まないし、つづかないから」。企画はとてもよかった。ところが「話し合いの場に有機農産物には関係ない商品販売のセールスマンがはいりこんで利用されたことがあって、一〇年ほどで止めざるを得なくなった」。

森山が「大地」をはじめてもっとも心を痛めたのが食物アレルギーに苦しむ親子との出あいだった。アトピー性皮膚炎といわれる湿疹に悩む多くの幼い子どもと若い母親の切ない思いを聞くたびに、何とかしたい、しなければと思う。森山がもち米に反応した体験者だったからでもあった。

「大地」で扱っている米（精米と玄米）は「ゆきひかり」という銘柄だけである。この米を現在、一〇〇俵から一二〇俵（一俵六〇kg）扱ってる。もちろんうるち米だ。なぜ「ゆきひかり」だけなのか。

「ゆきひかり」は他の品種に比べると、肥料が少なくて済む、病害虫にも強い、しかも早く育つ、めったに倒木しないほど強いから稲が刈りやすい。収穫量も多い。「もちろんめちゃくちゃ美味い」。

「『ゆきひかり』は比較的新しい品種だけど、前には『いしかり』など良い米がいくつもあった。ところがねっぱる米、つまりもちもち感のある粘りのある米が美味いという農林水産省の考え方で、もち米を交配する品種が美味いと。消費者もそれになびいていった。『ゆきひかり』はねっぱらない。ごはんらしい米なんだ」

森山は、札幌から戻ってきて農家を継ぐことになった青年に「ゆきひかり」をつくるよう勧めた。農業は初めてだった青年は懸命に取り組んだ。森山は彼にこう説明した。「ゆきひかりは種はないけど、採り播きは出来るから毎年良い穂を抜いて種を取ってそれを植えていけば大丈夫。絶対に注目されるから」。

「予想どおり大当たりだった。最初は一〇ヘクタールだったが今では五倍の五〇ヘクタールもつくっている。むろん無農薬。除草剤も使わない。ただ日本の農地は近接しているから、隣で撒いた農薬がかかることもあるので無農薬とは謳わずに低農薬と言ってる」

森山が「ゆきひかり」をと思ったのは、アトピー性皮膚炎に苦しんでいた親に「ゆきひかり」を勧めたら、子どものアトピーが改善した。「この米がないと困る親や子がいるんだ。だからつづける」。苦しんでいる人に「安全な農産物」で手助けできることが森山の大きなハリになっている。

小中学校時代からの友人の桑畠保夫は森山の取り組みを流石だと思ったという。「彼女は人がよくなるためとか、困っている人がいたら放っておけないんです。こういう店はだから彼女にぴったりだと思いました。なんでも相談に乗るし、頼りになる。昔から変わらない。ぜんぜん飾り気がないところもね」。

長くやっていれば知られるようにはなる。だが道は遠く平坦ではない。何度も止めようと思った。しかし——ある年の通信で書いている。

「愛想が悪いなどと非難されたが、病気の母のために長くつづけてほしい、この店があるので安心できるという声が届き、アトピーで悩んでいた子が高校生、大学生になって元気になったという報告を聞くと、とても嬉しくつづけてきて良かったと思う。また歩み進める元気をもらう」

「仲間ふやして下さい」という呼びかけが通信に毎号のように載っている。生産者と消費者の両者への訴えだ。いっぽうの支え手だけでは「運動」はつづかない。もっとも難しいのは生産と購入のバランスだ。「計画的に生産して計画的に仕入れて、買い支えるという流れがなかなかスムーズにいかないんだ。生産と購買のバランスが本当に大変で、自分で生産しようと思うよ」。

それでも森山は生産者にすべて有機栽培、農薬ゼロの理想を強要はしない。「ある生産者が肥料も有機でないとだめかって訊くから、ダメじゃないけどできたらそうしたほうが良いっていうよ。完全な有機栽培が難しい場合もあるからね。その場合は、正直に少しは使っていると言えばいいのサ。生産者が生活できなければ困るから。妥協しなければならないときもあるからネ」。

森山はしかし「安全な食べ物」にかかわる仕事に生涯をかけるはずではなかった。

一九四六年生まれで九人きょうだいの六女の森山は旭川農業高校園芸科を卒業したが、農業は継がず横浜市の相模鉄道に就職した。土や自然が好きで農業をやりたかったのだが「弟にまかせた」。就職した一九六四年は東京オリンピックの年で、戦後日本は経済成長だけがすべてのようなとんでもない時代をまっしぐらに走っていた。ベトナム戦争反対運動も盛り上がっていた。喧噪の時代だった。だが若い森山にそんな時代を感じさせない出来事が襲った。

入社後、新入社員研修を受けて横浜・上星川にあった会社の寮に帰った直後に事故に遭ったのである。

寮の玄関に据付けられていた木製の戸棚の扉で頭を激しく打ち、「死ぬかと思ったほどだった」。その日は頭を冷やしただけで医者には行かなかった。翌日はふつうに研修を受けたが、二日目の研修中に突然、周囲がぐらぐら揺れるようになった。会社近くの病院で診てもらったが、とくに異常はないと診断された。そのあとは怠いと思った以外はさしたる変化がなかったので、そのまま勤めつづけた。

一年後のある日、寮へ帰る途中、駅の階段を上っていたら急に首から下が動かなくなった。一緒にいた同僚に連れて帰ってもらい、脳神経外科で検査を受けたところ、そこではじめて脳内で出血していたことがわかった。血腫が出来ていたが、事故から一年経過しているので手術は出来ないと言われた。一カ月入院したが症状は改善しないので、旭川から父に迎えに来てもらって、自宅で療養し、半年間欠勤した。そろそろ復社しなければと会社に連絡したところ、診断書の提出をと言われ旭川日赤病院で検査を受けた。

「この状態で働くのは無理です」と言われ、そのまま入院となった。入院中に見舞いにきた友人が聖書のダイジェスト版を貸してくれた。それがクリスチャンになるきっかけになった。

六五年春、青春真っただなかにいたはずの一九歳の森山は結局、そのまま退職した。新しい人生のとば口でいきなりシャッターが下りてしまったようだった。退職後も長く後遺症で苦しむ。食べものが身体におさまらない。食べてもすぐに吐き戻してしまう。一カ月に一回ほど激しい頭痛に襲われる。頭痛は看護師の姉からもらった鎮痛剤で何とか治まるが「頭蓋骨の下に指が入っているような、圧迫感が一週間ほどつづく」。歯もがたがたになり、痩せこけてしまった。少し調子のいいときは田んぼの仕事を手伝ったが、肉体労働の農業は長くつづかない。姉の二人の幼い子どもの世話を二カ月ほどしたが、横になっていることが多かった。

体調の不具合は一〇年ほどつづいた。そこへもう一人の姉ががんで亡くなった。三九歳の夭折だった。「一所懸命に看護したのに、ぜんぜん力が及ばなかったのが、残念で、悔しくて……もう少し生きていれば美味しいものも食べられたのにとか、姉のことばかり考えているとだんだん精神状態が不安定になってしまった」。仕事をすれば少しは気が紛れるのではと、市内の種苗店に就職した。一九七五年ごろだから、鉄道会社を退職してまる一〇年たち、少しずつ人生を取り戻しはじめていた。
種苗店で働きはじめて少しずつ体調が戻り、積極的になって顔を上げて前を向いて生きていく。勤めながら通信教育を受けて造園施工管理技士（二級）の資格も取った。三愛塾へ行きだしたのもこのころからである。森山は、しかとは言わないが、キリスト教も支えになったとわたしは想う。

横浜で就職直後に大けがをして後遺症に苦しむことがなければ森山は、別の人生を歩み、「大地」をやっていないかもしれない。その後の姉の死による喪失感を経て森山はぐんとたくましくなったようだ。身体は小さくても、不愛想で素っ気なくても、何でも相談に乗ってくれるとても頼もしいさばさばしたおばさんと思われている。

「人間の基本は食にある。食は命の根源。だから安全な農産物こそ」と、森山は書きつづけ、語りつづける。「食は人権」という森山のこの確信は、農家に生まれ育ち、三愛塾での影響があったからだけではない。根っこには父の語った戦争体験も投影されてあるからだ。

森山の父は三五歳でアジア・太平洋戦争末期の一九四四年に召集され、旭川聯隊に入営した。旭川から馬産地の浦河へ行かされ、「農家の大切な馬をたくさん『徴用』し、前にしか進まない軍馬に仕立てる訓練をさせられた」。農民の彼が農家にとって大切な馬を徴用という名で「奪った」ことは耐えがたかった。敗色が濃くなった四五年になって父らは軍馬に仕立てた馬を貨車に乗せて鹿児島の川内へ向かった。「俺たちは沖縄戦に投入される予定だった」。川内の野営地には食べ物がなく、食糧庫には塩ワカメのような大根の葉っぱが叺(かます)に入っていただけだった。ひもじくなった兵たちが食べ物を探しに行き、野営地の向こうでキャベツ畑を見つけた。空腹に耐えられずに兵たちは夜陰に紛れてキャベツを盗んでは食べた。

「キャベツをシャカシャカと齧りながら百姓の俺が農家のキャベツを盗るなんて、と罪悪感に苛まれて味なんかわからなかったよ。でも空腹には勝てなかったたって」

森山が父の話で忘れられないのは墜死した少年兵のことだった。「知覧の特攻基地から片道燃料で飛び立ったゼロ戦が宿営地近くに墜ちて、死体がバラバラになっていて、その少年兵の顔を見たら自分の子どもと同じくらいで、こんな子がと思った。ばらばらの死体を集めて墓の代わりに土饅頭にして埋めたけど、それは本当に辛かった」。

父たちは、あと数日で沖縄へ行くことになっていたが、そこへ敗戦の報が届いた。「敗戦がもう少し遅れていたら俺は死んでいたと思う」。現地解散になった父が戻ってきたのは一九四五年九月末だった。途中で焼野原になっていた東京に寄った父は、「天皇陛下に挨拶していこう」という他の復員兵について皇居へ行った。みんな「おいたわしや」と平伏した。「でも俺は腹が立って突っ立っていたよ。少年兵の無惨な顔を思いうかべて、きちんと弔うこともできずに何だ」と。「父はね、平和でなければきちんと弔うこともできない。戦争はあかん、ダメだ、絶対にと言ったね。それは今でも忘れない」。父の戦争体験は森山の心に澱となって残っている。

森山にはもう一つ父の戦争体験の「後始末」の話がやはり澱となってある。それは農家のキャベツを盗んで食べたことだった。父は、戦後もずっとそのことを悔やみ、謝らないと気が済まないと五〇歳のころに川内の農家まで謝罪に行ったのである。一九六〇年ごろだ。

「農家の人に会えたかどうかは聞かなかった」が、戦争によって農民の作った作物を盗んで食べたということを、体験談としてではなく、とんでもないことをしたという自責の念を持ち、一五年後に謝罪しに行った父の言動に娘の森山の心は動かされた。父が動員された戦争は、農家にとって大切な馬を奪い、食糧を奪った。尊い少年の生命も。

「父は今の憲法についてこんなことを言ってたよ。人を大切にしていく憲法ができた。戦争しないということになったのだから、それ以上のことはないって」。むろんこれは彼の戦争体験からの憲法観である。憲法公布の年に生まれた森山は、父の戦争体験と憲法観を受けついだ。

森山は「食は人間の基本」を大事な柱にして「大地」をつづけている。その食を踏みしだいていくのが戦争だということを父から教えてもらった。「食べ物がなければ奪うことになるからね」。すると奪われた側の人権が踏みしだかれる。だから食と平和はつながっていると森山は力をこめて説きつづける。

手書きの「大地」通信に森山は毎号のように日本の食糧自給率の低さを取り上げている。「第二次大戦後、ヨーロッパは懸命に食糧自給率を上げる努力をしてきた。戦後の日本は飢えを経験しているのに、食料を生産する農地を潰し自給率を上げず、輸入に頼りつづけている。輸入が止まれば、どうなるか。結局、またもや奪いに行くだろう。満洲開拓の加害と悲劇の反省がどこにもないからサ」。森山の視線は過去と将来をつないで伸びる。あるデータによれば、一九六〇年の全国の耕地面積は六〇七万haだったが、二〇〇九年には四六〇万haに激減した。食料自給率はカロリーベースで七九％から四〇％になった。

森山は小学生のころから詩が好きだ。孤独が好きだった。「秋になって畑に霜が降り、そこに陽が当ると畑からゆらゆらと湯気が上がる。そんな風景が好きで詩に詠った。軟弱だったんだよ」。衒いをまぶすように言う。中学生のころには、漂泊の俳人山頭火や放浪の画家山下清のように生きたいなあと遠くに目をやる少女だった。

詩は今もつづけ、地元の詩人クラブの会員である。二〇一四年には、地震と原発事故の「3・11」の衝撃を読んだ詩などを集めた詩集『風は止まっていない』を出版した。詩集を編集したのは、北海道新聞旭川支社の記者をしていたころから森山と親しく交わっていた、現日本農業新聞記者の安川誠二である。

「詩集には三三編を選んだのですが、森山さんは弱い立場の人びと、小さきものへの共感があって、つねに寄り添っている。それに権力への抵抗の意識も感じます。根底には人と自然を大事にする精神があるからでしょう。森山さんは決して声高には言いませんが、憲法の精神がバックボーンにあるからではないでしょうか。僕は旭川にいるときから森山さんにそれを感じていました」

安川がそう受け取ったように父の戦争体験が彼女に投影され、それが意識的ではなくても森山と「大地」の背骨にもなっているのだろう。

詩集出版のあとに旭川詩人クラブの『詩めーる旭川　第15集』（二〇一七年）に掲載された彼女の詩「平和の種」を声に出して読む。

平和の種は
弱々しい種だから
芽吹かせるのがとても難しいのです
平和の種は
世界中にほんの少ししかないから
そっと大地に降ろして芽吹きを待ちます
平和の種は
地球上に生きる人々が
芽吹きから見守り続けて育てます
平和の種を
実らせて次の世代に渡す為／種の更新は続けなければなりません

平和の種が
豊かに実って溢れる程になった時
永世の平和が世界を覆うと思うのです

父の戦争体験を身体いっぱいに受けた森山の「食の安全」への取りくみは、「平和の種」を人間の大地に蒔きつづける営みなのだと聴こえてくる。

森山は「大地」を七五歳までやって、次の世代に渡したいとつぶやいた。二〇二一年、彼女は七五歳になる。が、「大地」を、そしてさり気なく他者を思いやる森山を必要とする人びとはまだまだ彼女を放さないだろう。

8 「五分の虫、一寸の魂」で実践する

岩場達夫さん

提供：岩場達夫さん

能登半島を遠くに臨み、日本海に沿って走るあいの風とやま鉄道に泊という駅がある。一九四二年七月に神奈川県特高が起こした戦時下最大の権力犯罪である「横浜事件」は、泊駅から歩いて一五分ばかりのところにある旅館「紋左」が大きな舞台になった。わたしは一〇年ばかり前、「紋左」や事件の領袖にでっち上げられた朝日町泊出身の細川嘉六の関係地などを何度か取材で訪れたことがあった。泊から一つ富山寄りが入善駅である。

駅から南へ八〇〇メートルほど行った、人口約二万四〇〇〇人の富山県下新川郡入善町はひっそりとした町である。岩場達夫がこの地で父を継いで司法書士をはじめて二〇二一年で四七年になる。

岩場の所属する富山県司法書士会には、全国の四七司法書士会のなかでただ一つ憲法委員会が常設されてある。二〇〇六年に設けられた折りには一年ごとの時限の特別委員会だったが、三年後の〇九年には活動の実績が評価されて理事会で常設委員会へと昇格が決まった。憲法委員会の設置を県司法書士会に働きかけ、具体的にその必要性を会員仲間に訴えてリードしてきたのは、県司法書士会魚津支部の岩場であった。

不動産登記、商業登記、法人登記などの登記手続きや訴訟関係の書類作成が中心の司法書士は、弁護士・検事・裁判官の法曹三者と比べると憲法には遠い存在と見られてきた。個々の司法書士の憲法意識もそれほど高くはなかった。一九七九年から司法書士が国家試験になって以後、憲法が試験科目になり、とくに〇三年の司法制度の改革実施によって司法書士にも簡易裁判所での民事事件の代理権が認められるようになってからは、いっそう司法書士も憲法を意識せざるを得なくなった。それでもまだまだと言われる。岩場の憲法への高い意識は、司法改革よりはるか以前からで、それはいくつかの出あいで法律家としての強い自覚、そしてプライドを持つようになったからである。

「日ごろの実務では、たしかに憲法を考えなくてもほとんど支障はないでしょう。同業者と話をしていても憲法が話題に出てくることは多くはありません。忙しくて憲法のことなど考えていられないとか、趣味に走る人、金儲けに熱心な人も少なくありません。でも司法書士は紛れもなく法律家です。憲法感覚がなくて法律家と言えるのだろうか？　そんな疑問が私の出発点でした」

「長く司法書士の仕事をやっているとけっこう、依頼者から悩みごとなどの相談を受けることがあるんです。相談の中身をよく聞いていくと、背景には政治の動きや世の中の変化などと絡みあっていると気づかされることがあります。とくに日常生活に密接につながっている人権の問題が背後に潜んでいると、どうしても憲法の存在を考えざるを得ません」

岩場が魚津支部（魚津市、黒部市、滑川市、朝日町、入善町、上市町）の会員に呼びかけて魚津司法書士懇話会を結成し、そこで憲法の勉強会をはじめたのが一九八七年一一月だった。「実務的なことをする根っこには憲法がある。その憲法を知らずに法律家と言えないのではないか」。岩場はそんな思いで月一回、奥平康弘の『憲法』（弘文堂）をテキストにして勉強会を始めた。懇話会で岩場が取り上げたのは、一九九五年の阪神淡路大震災後に起きた「群馬県司法書士会事件」だった。

群馬県司法書士会が震災で被害を受けた兵庫県司法書士会を支援するために三〇〇〇万円の寄付とそれに伴って会員から、登記申請一件につき五〇円の復興支援特別負担金の徴収を決議した。司法書士会は強制加入団体であり、会員の一部から「支援寄付は会の目的の範囲外で、会員の思想良心の自由によるべきだ」との声が起き、九五年四月にこの決議が憲法第一九条の思想良心の自由に反するという違憲訴訟が提起されたのである。

一審の前橋地裁は九六年一二月に会員側の訴えを認め、群馬県司法書士会の決議を違憲と判断した。しかし九九年三月、東京高裁は逆転の合憲判決を出し、最高裁も高裁判決を維持した（二〇〇二年四月）。「群馬事件」は司法書士界では有名で、魚津司法書士懇話会でも一九九七年四月の憲法の勉強会で議論した。

「群馬事件を考え、議論するにはやはり憲法を知らないと、どこに憲法上の問題があるのかがわかりませんでした。高裁判決では合憲でしたが、私たちの議論では群馬県司法書士会の徴収の仕方は憲法上から判断して、おかしいのではないかという結論でした。そういう議論が出来たのも憲法の理念、精神、意図を奥平さんの本で勉強していたからです」

岩場は議論ができたというだけでなく、司法書士にとって大事な問題が起きたときに憲法が根拠になると自覚できたことが大きかったという。「同じような問題が起きたときに、おかしい、変だと思う根拠が得られましたから。そうでないと、変だと思っても異議申し立てができません。法律家である司法書士として拠って立つ基盤が憲法だということが自覚できました」。

魚津司法書士懇話会の結成や活動が富山県司法書士会の憲法委員会の設置にストレートにつながったのではない。別の道筋があった。

岩場が司法書士関係の専門出版社の民事法研究会から出版された『司法書士と憲法』（二〇〇三年）を入手したのが一つのきっかけだった。著者は憲法学者で名古屋市立大学名誉教授の森正である。「この本は目から鱗の本で、擦り切れるほど読みました」。岩場から借覧した同書には、赤と青のアンダーラインがほとんど全頁にわたって引かれていて、彼の熱読ぶりにわたしは心が動かされた。

著者の森は同書の「はしがき」で司法書士について継続的に学問的な関心を寄せる憲法学者は「皆無だろう」と記しているが、わたしも著名な憲法学者の森が司法書士についての著作があるとは不明にして、岩場に教えられるまで知らなかった。森は「はしがき」で司法改革によって司法書士に対する簡裁代理権取得のための特別研修は計百時間になるが、憲法は「たった九〇分」で、「人権の歴史的・現代的意義などの学習は、いったいどうなるのだろう」と嘆いていた。森はまた「知る限り、単位司法書士会の研修での憲法の位置づけも貧弱だった」と指摘し、各司法書士会が憲法学習に力を入れてほしいと述べている。

同書に感銘した岩場は、森の期待に応答した。「司法書士でない森先生がこういう本を書くということは、わたしたちへのエールだと受け止めました。ですから内側のわれわれは、このエールに応えなければならない。そっぽを向いていたらだめだと思ったのです」。

二〇〇五年一一月に宇奈月温泉で開催された富山県司法書士会主催の司法書士会中部ブロック・北陸地区会員研修会で、岩場は森を講師として招いた。

森は「司法書士と憲法—期待される司法書士像とのかかわりで—」のテーマで講演し、とても評判が良かった。「ふつうならそれで良かった、良かった、で終わるのでしょうが、それではあまりにもったいない。司法書士に憲法感覚が必要だという研修会の成果を引き継ごうと、魚津懇話会のメンバーらと語らって憲法委員会の設置を会長に要望したのです」。

富山県司法書士会に画期的な憲法委員会ができて二〇二一年で一五年になる。どんな活動をしてきたのだろうか。

一つは、委員会に入っているメンバーが憲法に関係したさまざまなテーマを選んで、在宅研究レポートを作成し、それを委員会で報告し、議論する。もう一つは、テーマを二つ選んで肯定と否定にわかれて会員が討論する、三つ目の活動は外部から講師を招いての憲法講演会である。

在宅研究レポートの表題を追っていくと、「アイヌ共有財産訴訟」「韓国の憲法裁判所」「特高警察」「『大飯原発訴訟判決』と憲法」「司法書士と憲法」「『日の丸・君が代』について」「合祀拒否」「岩手靖国違憲訴訟」「ハンセン病　日本型隔離収容政策が生み出したもの」「TPPについて」などである。少数者の権利、自由、環境、思想・良心の自由、信教の自由といった憲法にかかわる問題を取り上げ、憲法委員会が過去、現在、さらに世界にまで視野を広げようとしている姿勢が見える。

会員討論会のテーマはより具体的である。「生活保護費は貯金できる?」「国旗・国歌通達違憲訴訟」「裁判員制度と憲法上の問題点」「群馬司法書士会訴訟と会員の思想・信条の自由」「公道上の監視カメラに文句が言えるか」「定住外国人に地方参政権が認められるか」「児童扶養手当の婚外子差別訴訟を事例通して法の下の平等」「『立川反戦ビラ訴訟』についての討論」「大津いじめ自殺事件についての討論」「ヘイトスピーチと表現の自由」「特定秘密保護法と知る権利」などで、憲法が身近な問題とかかわっていることがわかる。

岩場は憲法を勉強するだけではない。実践家でもある。憲法から見ておかしいと思ったら、具体的に動かないと伝わらないというのが彼の持論だからだ。魚津懇話会をはじめて数年して岩場は憲法訴訟を起こした。

一九九三年一月、法務省は登記事務のコンピュータ化推進のために不動産登記簿謄本交付手数料を六〇〇円から八〇〇円に値上げした。改定の法的な根拠は不動産登記法などにもとづく政令の登記手数料令改正(一九九二年一〇月)だった。

不動産登記手数料は申請する人が負担する。つまり国民の負担である。申請の代理として司法書士が担う場合が多く、日常業務の一つになっている。「当時、法務局の登記事務のコンピュータ化を進めるために、法務省はその財源として登記手数料分の一部を充てるとして二〇〇円アップをパンフレットなどで公言していました。でも私ら司法書士の間では、コンピュータ化の経費は、本来一般財源で賄うべきやろうが、おかしいやろという声が少なくありませんでした」。たかが二〇〇円だが、岩場にはどうしても納得できない。そこで岩場は手数料が値上げされてすぐに行動した。

九三年一月一八日、富山市金屋の土地の登記簿謄本一通の交付を求めて、値上げ前の登記印紙六〇〇円を貼った謄本交付申請書を、六二円の郵便切手を同封して富山地方法務局に郵送で請求した。三日後の一月二一日、富山地方法務局の登記官から料金不足を理由に請求却下の通知が届いた。

「郵送により申請があった下記不動産の謄本交付請求については、登記手数料令第2条第1項の規定による手数料が200円不足しています……よって、本件申請を却下します」

予想したとおりだった。却下通知書を手にした岩場は、裁判に問うしかないと決意した。

それから二カ月ほどした九三年三月一四日付の『朝日新聞』朝刊社会面に「旧手数料金で謄本交付請求／却下は不当と提訴」の三段見出しのついた大きな記事が掲載された。却下処分の取消しを求めて富山地裁に訴えた行政訴訟だが、内容的には値上げ金額の決定が憲法に違反しているという点にあった。市民が負担する行政事務の手数料料金の決定に憲法を盾に異議を申し立てた画期的な訴訟だった。岩場は弁護士を頼まずに本人訴訟で争った。

岩場がこの訴訟で依拠した憲法は第三一条、第四一条、第八四条で、いずれも一般にはなじみの薄い条項だが、もちろん重要である。

　岩場が訴訟で主張した違憲の三点はこうだった。

　登記手数料は不動産登記法などでは、実費「その他一切」によるとなっている。手数料の実費というのは、紙代、インク代、コピー代、電気料金などである。コンピュータ化に伴う経費をふくめた値上げ額を二〇〇円としたのは政令によっている。実費以外のものがふくまれているのだから、本来は法律で決めるべきなのに、政令にまかせてしまった。これは、国会が唯一の立法機関と規定している憲法第四一条に違反している。

　ついで岩場は、実費以外の費用がふくまれる料金を決めるには、たとえば公聴会などで国民の声を聞く、国民参加の機会が不可欠なのにそれをしていないと主張した。つまり金額の決定に不可欠の適正な法手続きが抜けており、それは法手続の保障を規定した憲法第三一条に違反すると主張した。

　岩場が裁判でとりわけ強く主張したのは、実費以外にコンピュータ化の経費が値上げ分にふくまれている点だった。これは手数料が実質的に租税に転化していることと同じで、租税である以上は法律で決めねばならい。したがってそれを政令で決めたのは、「あらたに租税を課し、又は現行の租税を変更するには、法律又は法律の定める条件によることを必要とする」の憲法第八四条に反するというのだった。これが三つ目の主張である。

「結局、これだけの憲法違反で手数料を決めるやり方は主権者である国民主権の問題でもあると私は思いました」

裁判では、岩場の主張に法務省側はまともに反論しなかった。だから岩場は「勝てると思いました」。岩場の期待に反して地裁、高裁、最高裁といずれも全面敗訴し、一九九八年四月に終わった。岩場は大いに不服であった。「判決は、二〇〇〇円のうちコンピュータ化費用を明確にすることはできないし、増額された手数料が租税に転化したとはいえないという理屈でした」。岩場は、判決は主張にまともに応答していないと思った。

裁判は敗けたが重要な判決や大きな事件の判決を詳報する『判例タイムズ』が「登記簿謄本交付手数料の定めについて、かような主張（つまり憲法違反の主張）がされることは極めて珍しい事例」として掲載した。

登記手数料訴訟は司法書士界に大きな波風を巻き起こした。日本司法書士連合会からは、登記手数料が改正されて八〇〇円になったのだから、法律を知らんのかなどと批判された。また、提訴一カ月ほどした九三年四月には、岩場は地元の富山県司法書士会綱紀委員会から事情聴取したいと呼び出された。これは、富山地方法務局から富山県司法書士会に「懲戒に相当する」として綱紀委員会にかけて調査するよう申し立てがなされたからだったという。

岩場はしかしこの訴訟を「決してやみくもにやったのではなく」、法律家として憲法に則って異議申し立てをすることが大事だと考えたから取り組んだ。「私が異議申し立てをしなければ、二〇〇円ぐらいはいいだろうとなるんです。不満を口にするだけでは法務局もそうですかで終わってしまう。裁判をすれば、必ず応答しなければなりませんから」。訴訟という手段で問題を問うことは司法書士としては当然のことだというのが岩場の断固とした信念だった。

呼び出された岩場は持論を述べ、綱紀に該当するようなことはしていないと弁明し、結局処分はなく、九月になって県司法書士会からは岩場を調査したことについて陳謝と反省の文書が届いたのであった。訴訟には支援した魚津懇話会のメンバーなどを別にすると全国的にも地元でも好意的ではなかったそうだ。

「それは、一つには司法書士界が法務省の支配下にあるように思っていて、親である法務省に反抗するのは良くないという意識があるからなんですね。法務省も司法書士は子飼いみたいに思っているからです。裁判をするのは国民の権利という認識が希薄なんです」

冷淡な司法書士界とはちがって市民からの反響はとても好意的だった。全国紙で伝えられたこともあって、他府県から激励や不動産業者からの問い合わせも相次いだ。思わぬカンパが全国から寄せられ、合わせて百万円にもなった。「この反響はとても嬉しかった。勇気と希望をもらいましたね。おかしいと思っている人たちが全国にいる。そんな思いを共有できる人が少なくないと知ったんですから」。

岩場は決して饒舌ではない。語り口も強くなく、声調も静かで、熱も帯びない。物腰は柔らかく、温厚そのものといった雰囲気が漂い、どこか楷書的な律義さも感じられる。違憲訴訟で国家に抗うイメージには遠い。しかしどっこい、岩場は骨太な司法書士である。

「じつは私、同じ手数料違憲訴訟をもう一回やったんです」。えっ——岩場のねばっこさにうなった。一九九八年四月に法務省は手数料を再値上げして八〇〇円を一〇〇〇円にしたのである。二回目の訴訟も岩場の主張の中心は、コンピュータ化による費用を手数料にふくませるのは、租税法律主義の憲法第八四条に違反するであった。「かなり勉強して財政法も動員しました」というが、租税法の権威である日大教授だった北野弘久に意見を聞きに行き、鑑定所見書を書いてもらった。北野は岩場の提起に強い関心を寄せた。

「憲法学の通説的見解では、形式的に租税と呼ばれないものであっても、実質的に租税と同じように人々の自由意思に基づかないで定められ徴収されるものについては、ひろく日本国憲法八四条が適用されると解している」

岩場の主張を憲法学から支えている。また北野は憲法第八四条を具体化する規定として財政法三条を上げ、不動産登記簿交付手数料は同法のいう「課徴金」に当り、これは「法律又は国会の議決に基いて定めなければならない」という規定に当てはまると述べている。北野の結論は「本件で問題となっている登記手数料には日本国憲法八四条、財政法三条が適用されることは疑いをいれない」。

裁判所が北野の意見を採用すれば岩場は画期的な違憲判決を得たのだが、日本では行政訴訟で勝訴するのはラクダが針の穴を通るほど難しい。二度目の違憲訴訟も地裁、高裁、最高裁でいずれも敗訴で終わった（二〇〇二年七月）。岩場は自らが取り組んだ手数料訴訟の経験から、裁判と憲法の関係を普遍的な問題として実感したという。

「憲法を自分たちのものにしていくには、裁判は重要な手がかりになります。たとえば人権侵害された人が一人であってもそれを救済する手段として憲法を使った裁判がある。それで救えないなら、裁判制度がおかしい。力のない人は裁判に頼るしかないのです。憲法はこの世の中で起きている人権問題をふくめてすべてに関係していることを私は裁判で実感しました。だから富山県司法書士会の憲法委員会が大事なんです」

登記手数料訴訟は、岩場達夫が憲法を根っこにして司法書士の仕事をしていく確信のようなものを手にした出来事だった。その関係資料は二件の訴訟で段ボール箱四個あり、報告集をつくることが宿題になっている。

敗戦日本の占領が終わる直前の一九五二年一月に入善町で生まれた岩場は、幼いころからとてもおとなしい子だった。小学校から高校卒業するまでは、学校でも目立たず、存在そのものがうっすらとした少年だった。

「僕がそこに居るのにみんながそれに気づかないようなそんな影の薄い子どもでした」。家でもほとんどしゃべらない子だった。

乗り物にも弱く、遠足でバスに乗るたびに嘔吐していた。だから二回に一回ぐらいしか遠足にも参加できなかった。二泊三日の修学旅行で東京へ行ったときも、酔って旅館でずっと寝ていてどこも見物できなかった。帰るときには父親が迎えにきた。今でも完全には治っていないという。ひ弱な少年だったのだ。

高校卒業まで小遣いをもらったことはなかった。小学校二年生のころだった。子どもたちの間で流行っていたおもちゃが欲しくてたまらなかったが、小遣いがないので買えない。そこで彼は小さな頭を巡らし、月一回学校でしていた子ども積立貯金のために家からもらってきた一〇〇円を、先生には「今月は五〇円でお願いします」と渡した。残りの五〇円で達夫少年は欲しくて仕方がなかったおもちゃを買って「天国に行ったような気分になった」。家に帰って通帳を見た父親にどうしたと訊かれて、正直に白状した。

「そうしたら、親父が僕の頬っぺたをバシッ！と。それだけで何も言いませんでした。やっちゃいかんことをわからせようとしたんですね。それと小遣いをあげてない親もよくないと思ったのかもしれません」。六〇年近く前の自身の行動と父親の反応を岩場はしっかりと刻んでいた。

中学時代に一度だけ母に小遣いをと懇願したが「ダメ、ない」で終わった。貧しくて六〇年代の初めごろ家には畳のない部屋がいくつかあり、むしろに布団を敷いて寝た。水道も引けず、家のすぐ目の前の入善中学校の水道を無断で使っていたほどだった。

クラスの子どもの全家庭にあったテレビもなかった。近所のテレビのある家に観に行くと、かかっている番組は少年の観たい番組ではなかった。「チャンネルを好きに回したいなあ」。少年の夢だった。ある年の大晦日、彼は意を決して父親にテレビが欲しいと直訴した。父親は彼を電器屋に連れて行き、「どれが欲しい？」。「これっ！」と迷わずに指さした。「じゃあ、月賦で」。家にテレビが入ったのは彼が小学校六年、東京オリンピックの前年の大晦日だった。

「人生の中で最高の日やった。幸せの極致でした。あの時の感激は今でもそのまま思い出せる。嬉しくて、嬉しくて。こういう思いをわかってくれる人っていませんねぇ」。岩場は、仕舞い込んでいた当時の感動をぱっと開け放ったように「嬉しくて」をくりかえすのだった。

おとなしく、自己主張もあまりできない岩場は「とくに何になりたいと思ったわけではなく、親父が司法書士をしていた関係で」専修大学法学部に進んだ。一九六九年春で、東大闘争など大学闘争はほとんど終わっていた。東京では、見るもの、聞くもの何もかもが珍しかった。伊東の競輪場の警備、ホテルのバンケットルーム係、東大闘争後の瓦礫の後始末などのアルバイトに明け暮れ、「あまり勉強はしなかった」。政治や社会の出来事にはまったく関心はなく、三島由紀夫が自衛隊になだれ込んで割腹自殺した事件も「何を考えてああゆうことするのかと思った」程度だった。

それなりに学生生活を楽しんだようだが、性格は富山時代と変わらず、人とのつきあいも上手くなかった。「今でこそ口は動きますが、世間になじまない性格でした」。就職が話題になってもサラリーマンは自分には不向きだから、「田舎へ帰って親父の傍にいてだんだん慣れていけば生きられるんじゃないかと思っていました」。

周りの学生が司法試験を目指して勉強している姿を見ても、「ふーん」といった感じでしかなかった。あまり覇気のある元気印の学生ではなかったようだが、彼女もいたというから暗い雲のかかったような若者ではなかったのだろう。

大学の後半から本を読むようになった。とくに松本清張の作品はほとんど読み、歴史や社会を見る眼、物を考えることを清張から「ずいぶん教えられた」。つきあい下手、自己主張も出来ない、どこかのんびりとした岩場が大学を卒業した一九七四年三月二一日、予期せぬことが起きた。父・正三が倒れたのだ。

卒業式に出席した母と慌ててその日の夜行で飛んで帰ったが、父は入院した黒部市民病院で三日後の二四日に亡くなった。あっという間の死だった。正三はまだ六一歳だった。突然の父の死は「大変なショックでした。これから親父についていと思っていた矢先に、大地が足元から崩れてしまったようでした」。兄と姉はすでに独立していたが、一〇歳下の妹は小学校を卒業したばかりだった。父の仕事を継ぐためには、司法書士の資格を取らねばならない。

七九年から司法書士試験は国家試験になったが、当時は各地方法務局で行われる認可試験に合格し、法務局長から認可されれば資格が得られた。富山地方法務局の認可試験は七月中旬だった。合格率は二~三%と言われた。岩場は四、五、六の三カ月間すさまじい勢いで勉強した。憲法はなかったが、民法、商法、不動産登記法、供託法など問題集を朝から晩まで、ほとんど不眠不休で覚えまくった。結果は見事合格、一一月に認可されて、開業した。

それからが大変だった。大学を卒業してまだ八カ月。父の事務所にそのまま看板を掲げたものの実務は何もわからない。登記法務局でしょっちゅう教えてもらった。「幸い母が親父の手伝いをしていましたので、母にもずいぶん助けられました」。実務は少しずつ覚えていったが、後年の憲法を司法書士の核にする岩場達夫はまだ現れない。

岩場はこうして突然に父の仕事を引き継ぐことになった。それにしても父の享年が六一歳とは若すぎた。それは父の戦前、戦中、戦後の生が影響しているのかもしれないと岩場は思う。

「これ、父の蔵書なんですが」と見せてくれたのは、エスペラント語の創始者でポーランド出身のルドヴィコ・ザメンホフの伝記だった。一九六七年に第一巻が刊行され、七三年まで全部で五巻、総ページ三二三四頁の大部な伝記の翻訳だった。公刊された本ではなく、それぞれ一〇〇〇部しか出ていないようだ。他にもエスペラントの和エ辞書も書棚にあった。何より興味深いのは全六巻の『プロレタリアエスペラント講座』を大事に取っていたことだ。

「親父が仕事の合間にエスペラントの本や辞書を読んでいたのは知っていましたが、くわしくは聞いたことがありませんでした。ただ親父は戦中に、エスペラントの関係で警察に調べられ、脅され、捕まったことがあると言っていました」。それを示す資料を岩場は父から見せてもらったことがある。

「昭和一四年度思想特別研究員　検事竹内次郎報告書　プロレタリア、エスペラント運動に付て」（司法省刑事局）と題する資料の写しである。わずか五頁の断片的な写しなので詳細はわかりづらいが、岩場正三が反戦、植民地民族の独立などを支持するプロレタリアエスペランチスト日本同盟のメンバーであること、組織が治安維持法などの弾圧によって壊滅されていく様子は読み取れる。

一九三四年三月の項に「書記長　岩場正三」の名があり、検事竹内はこう記している。「岩場正三が昭和九年九月十四日検挙さるるに及び遂にポエウ（プロレタリアエスペランチスト日本同盟のことか？）は潰滅してしまった」。この報告には「（岩場正三）は昭和九年十二月二十七日東京刑事地方裁判所検事局で留保処分になっている。ポエウ書記長中不起訴処分に付せられたのは岩場一人である」と注がついている。正三が検挙された当時は、「満洲国」をつくり、日本は国際的にも批判され、孤立化し、国内的には小林多喜二が虐殺されるなど天皇制ファシズムが社会を覆い、日本共産党は壊滅の道へと追い込まれ、プロレタリア文化運動も窒息していった。

「親父からは三カ月勾留されたことは聞いています。取り調べはきつかったが、拷問があったかどうかは聞いていません」

一九一二年生まれの正三は三〇年に魚津中学校を卒業後、母方の叔父を頼って上京したが、その後のことはつまびらかではない。「入善の辺りで魚津中学校へ進学したというのは、かなり向学心が強かったからでしょう。上京したのも上の学校へ行きたかったからだと思います。でもそれが叶えられたのかどうか。酒屋や八百屋で丁稚奉公していたとか、川上肇の『貧乏物語』に感激したという話は聞いています。なぜエスペラントを学んだのか、誰の導きだったのかもまったくわかりません」。

治安当局の資料や岩場が臭いを嗅ぐ程度に聞いた父の話からすると、二十歳前後の岩場正三は国際言語のエスペラント語を通じて反戦・反植民地の抵抗運動をしていたと想像できる。

上京から検挙後、そして戦後までの正三の軌跡は、残されてあった正三の直筆の履歴書の写しと、岩場が父から聞いた切れぎれの話をつなぎ合わせると少しは見える。

たぶん丁稚奉公のあとだと思われるが、一九三〇年一一月に日本簡易火災保険会社に入社し、四年後の三四年九月に退職と履歴書にあるが、これは検挙の年月に符合する。検挙までに法政大学と明治大学に通っていたようで、学生服姿の写真が残っている。学費がつづかず中退したという。東京検事局から釈放後に郷里から迎えに来た母と一緒に帰り、三六年二月に富山県職業紹介所（現在のハローワーク）の書記になっている。その後魚津職業紹介所を経て富山県の官吏になり、国家総動員令に基づく勤労動員署の吏員を敗戦まで務めている。そこでは、尋常小学校卒業生らを紡績工場で働かせるために奮起させるビラづくりなどもしていた。これは正三には辛かったようだ。

敗戦後の四五年一〇月には戦時中の延長で魚津勤労署（現在の労基署）に勤務している。

「親父は戦後すぐに共産党に入党したと思います。労基署では労働組合活動もしていたようです。たぶん親父はエスペラントの運動で自分だけが起訴されなかったこと、その後に勤労動員で戦争協力をしたことに負い目と自責の念で苦しんでいたのではないか、と親父の知り合いから聞いたことがあります。やむを得なかったと思いますが」

魚津勤労署勤務ののちも労政畑の県の出先職員を務めたが、一九四九年一〇月八日付で富山労政事務所の主事に補された同じ日に「願により本職を免ずる」と履歴書に記されている。岩場正三はレッド・パージで追放されたのだった。それ以後、一家の暮らしは一気に貧乏のどん底に落ちていった。

黒部川の河原のモッコ担ぎの土方仕事や祭りの夜店の屋台で雑貨売りなどで糊口をしのぐのがやっとだった。ペンより重いものを持ったことがなかった正三は、急に肉体労働をしたのがたたって肺結核にり患した。医者から入院や治療を勧められたが、兄と姉がまだ幼かったので、無理をして働きつづけた。「私が生まれて以後も、結核は治っていなかったようで、小学生のころ親父の布団に入ろうとすると、うつるから来るなとよく叱られました」。

正三はその後、日通の荷扱い所の仕事をし、届いた荷物を夜遅くまで大八車で配送するなどの肉体労働をつづけた。このままでは潰れてしまうと正三は、岩場の生まれた五二年一一月に司法書士と行政書士の資格を取って開業した。行政書士は県職員などで行政事務経歴があったので資格は取れたが、司法書士は認可試験があった。その折りに法務局内で、レッド・パージで追放された人物の受験資格が問題になったそうだが、「問題ないだろう」という幹部職員の言で受験できたという。戦争責任を問われた公職追放は中途半端なまま「解除」されていったが、レッド・

パージは未だに解除されていないのである。

司法書士を開業してもすぐに食べていけるだけの仕事はなく、岩場が小学生のころもまだ日通の荷扱い所をつづけねばならなかった。岩場の記憶にある畳がなかったり、水道の無い生活はこのころだったのだ。

「やっとこれで生活できるようになったのはだいぶあとだったと言っていたのを聞いたことがあります。結局、親父はレッド・パージで追われてからの貧しさと肉体労働が重なって、医者にもかかれずに無理をして働きつづけたのが命を縮めたのかもしれません」

岩場正三は一九五七年に入善町議選に共産党から立候補し、当選した。その後、一回落選したが、七三年三月まで合わせて三期町議を務めている。苦労人で人望があったと岩場は町の人から聞いている。「党にはいろいろ批判はあったようですが、最後まで離党はしませんでしたね」。戦中の負い目と自責、それにレッド・パージへの抵抗が離党させなかったのかもしれない。断片的ではあっても岩場正三の軌跡を知ると、彼は戦前戦中戦後を通じて不屈と抵抗の精神を持ちつづけていたのではないか。息子の岩場達夫は、父の律儀さと抵抗の精神を引き継いでいるようにわたしには思える。

大学卒業して助走もせずにいきなり西も東もわからないまま一気に法律実務の世界に入った岩場だったが、すぐに司法書士の生き方の原点になる出あいをする。七五年、金沢で開かれた司法書士の中部ブロック青年会に出席した折り、岩場は愛知県司法書士会の大崎晴由に会う。一九三九年生まれの大崎は、脱サラで司法書士になったのが六九年である。岩場の五年先輩だった。

「大崎さんは、司法書士は自信を持って一生かける仕事だと思っていると話されました。司法書士になったばかりでしたから、こんなことが言える司法書士がいるなんてすごいと思いました。衝撃でした。それに世の中を憲法という視角で見る眼を教えられました。大学を卒業するまでずっと、政治や社会に無関心で、ノンポリだった私には大きな出あいになりました。それから大崎さんのような司法書士になりたいと目標にしたのです」

大崎との出あいが、岩場が政治や社会を見る眼として憲法に気づかせることにつながったのである。大崎の影響を受けたのは岩場ばかりではなかった。憲法学者の森が司法書士の仕事に学問的関心を抱き、さまざまな刺激を受けたのが大崎との出あいだったと『司法書士と憲法』に書いている。

岩場が地元の司法書士会の青年会の代表になったのは一九八五年だった。子どものころぼんやりとした影のような存在で、人と話すことも苦手で、消極的だった岩場がそこまで積極的になったのは大崎との出あいを抜きにしてはなかったろう。

そんな岩場から「じつは私、富山県司法書士会の政治連盟の会長を二期四年やりました」と聞かされて、ウムとうなった。大きな業界団体には政治連盟があり、ほとんどは政権政党の自民党に政治献金をするなど密着している。それにしても憲法委員会の設置に尽力し、現在もその委員をしている岩場が県司法書士会の政治連盟会長をしていたとは。

「政治連盟は自民党に政治献金しているだけなのか、内部に入らないと外からは具体的なことはわかりません。司法書士制度をより良くするというのが政治連盟の最大の目的で、制度の改善のためには法改正が欠かせません。だから政権政党の自民党の政治家を啓蒙しなければなりません。そこに政治連盟の存在の意味があります。献金をしっぱなしではありません。ですからそれなりに必要だと思っています」

岩場は憲法だけにこり固まって動いているのではなく、また外から政治連盟を批判しているだけでもダメだという。四年間やって気づいたのは、政治連盟で動いている人たちは自民党にくっついていればいいと思っている人ばかりではなかったという。「正論だけでは現実の政治は変わりませんから」。岩場はわたしが想った以上に柔軟で、したたかである。

毎年一回の県の政治連盟の総会には地元選出の自民党国会議員が出席する。会長挨拶で政治の話題やテーマが取り上げられることはないが、岩場は会長二期目の総会のときの挨拶で、問題になっていた共謀罪を取り上げた。「共謀罪はおかしい。憲法違反」と言い切った。すると来賓の自民党代議士は「会長はそう言われましたが、その是非は歴史が判断します」と切り返すのがせいいっぱいだったようだ。

これまでの会長挨拶で政治的な問題に触れた人はいなかった。シャンシャンである。それでいいのか。政治連盟なのだから、たんにごくろうさまではなく、そのときの政治的な問題に触れないとダメではないかと思った。出席している会員にもそういう意識を持ってもらうことも大事だと考えたのである。慣例や常識にはこだわらず、憲法的視点から考えておかしいことはおかしいとはっきり言い、行動する岩場だった。わたしはまたしても、寡黙で影の薄い少年岩場を思い浮かべるのだった。

岩場は司法書士の世界だけで憲法に即した行動をしているのではない。「九条の会・入善」の会長の岩場は、二〇二〇年六月発行のA４判裏表二頁の『入善公民館だより』に掲載されている「令和二年度　入善町立入善公民館活動サークル（登録団体）」を示しながらこんな話をした。それには二七の登録団体が記載されていて、最後の団体に「九条の会・入善」とあり、代表者名に岩場の名前、事務局・人数などと合わせて活動内容として「日本国憲法を学び、広めること。会員の親睦」と紹介されてあった。掲載に際して公民館からクレームがついたのである。

「岩場さん、九条の会は公民館の活動になじまんでしょう」。岩場はすぐに反論した。「日本国憲法は、国民が知る権利と義務があるんです。こういうことは公民館の活動に合うでしょう」。この話を聞いてわたしは、二〇一四年に起きた、さいたま市三橋公民館の「公民館だより」に女性の俳句「梅雨空に『九条まもれ』の女性デモ」の掲載拒否事件を思い出していた（表現の自由をめぐる違憲訴訟になり二〇一八年に最高裁判決で女性の勝訴が確定。その後、俳句は掲載された）。

入善町では毎年冬の寒い時期，入善町商工会主催で「入善ラーメンまつり」が行われているが、二〇一六年二月下旬の第一六回のラーメンまつりの企画行事が「事件」になった。自衛隊が「ラーメンまつり」に参加し、広報活動の一環として車両展示、子どもに隊員の服装をさせるコスプレ体験が企画されていた。ラーメンまつりに自衛隊？　と違和感を持った町民から「九条の会・入善」の会長の岩場に連絡があったのである。岩場は事実を調べて確認し、次回から自衛隊の招致を止めてほしいと「お願い」の文書を主催者に出した。

日本国憲法の第九条は膨大な戦争被害から生まれ、戦争放棄、戦力不保持、交戦権否認を謳っている。自衛隊は第九条に違反するとの「見解もある」。それを前提にそのような自衛隊の軍事車両の展示や子どもたちに隊員の服装をさせることは、ラーメンを食べに来る人の中には違和感を持つ人もいる――と。

翌年のラーメンまつりの三カ月前の一一月に岩場は、前の「お願い」に触れて自衛隊招致をしないよう再び「お願い」を出した。抗議ではなくあくまでも「お願い」であった。この年以後、「入善ラーメンまつり」には自衛隊の姿は見られなくなった。

「公民館だよりにしても、ラーメンまつりにしても小さなことですが、こうしたこと一つひとつにおかしいことがあれば言っていかないと、どんどんエスカレートしていくので、チェックすることが必要だと思ったのです」

司法書士の岩場にとっての背骨は、やはり憲法である。一五年つづけてきた富山だけにしかない憲法委員会を「継続させていくことがこれからますます大事」だと感じている。常設だからとなんでもできるわけではない。講演会のテーマや人選にしても司法書士会の執行部からは、できるだけ当たり障りのないようにという空気も伝わってくる。その緊張関係のなかで憲法委員会をつづけていくのは「なかなか大変なんです」。それだけではない悩みもある。「憲法委員会を長くやってきたが、果たして司法書士の憲法意識がどれだけ変わったのかが見えない、聞こえないところがあるからです」。

岩場らを元気づける動きが最近出てきた。福岡や東京の司法書士会には九条や安保法制の問題を考える有志の会があり、彼らと憲法を考える司法書士らとつながりが生まれ、二〇二〇年一月に「憲法を考える全国司法書士ネットワーク」が立ち上げられたのである。背景には富山の活動や自民党の改憲潮流への危機感があるようだ。活動はこれからだが、憲法をめぐる具体的なテーマで議論を重ねて、その結果を全国の単位司法書士会や日本司法書士連合会にアピールやメッセージを出すことができればと岩場は思い描く。「司法書士として憲法をどう考えるか」が共通の認識というから、司法書士に憲法感覚を求める森正の期待が実現していく可能性も出てきた。

岩場は二〇〇六年に亡くなった作家の松下竜一が好きだ。「ほとんどの作品を読んでいます。松下さんが出していたミニコミ『草の根通信』も愛読していました」。松下は一人でもおかしいと思ったら、行動する作家だった。松下の著『五分の虫、一寸の魂』は彼の精神を鮮やかに表しているが、どこか岩場に重なる。

二〇〇三年、岩場は結婚二〇周年の記念旅行で、まだ元気だった松下を大分県中津市に訪ねている。松下のファンは多いが、結婚記念で突然、中津市の松下宅を訪ねた夫婦は珍しいかもしれない。「そのとき松下さんの家の前で撮った写真です」と、松下夫妻と岩場夫妻の写真を見せてくれた。この家は取り壊されて今はない。

病弱だったが、多くの作品を書き、反公害、反原発、反基地運動などに積極的にかかわり、ことばと行動を淡々と一致させて生涯を駆け抜けた松下の生き方に、岩場はたまらなく魅かれるのである。松下に擬えれば、司法書士岩場の精神は「五分の虫、一寸の魂」――

9

父の侵略責任への自責と贖罪に生涯かける

吉岡数子さん

提供：吉岡数子さん

南海電鉄高野線、ＪＲ阪和線の三国ヶ丘駅から北東へ一〇分ほど行った「けやき通り」に近い堺市堺区向陵西町1丁に薄いマッチ箱を立てたような三階建ての小さなビルがある。教科書総合研究所である。二〇二〇年夏、わたしは何度かここを訪ねた。

研究所には、国定教科書、戦後の検定教科書、日本の植民地や占領地で発行されていた教科書、また東アジア各地の教科書など合わせて約六六〇〇冊が所蔵されてある。研究所の主宰者である元教員の吉岡数子が現役時代から半世紀以上かけて国内外でフィールドワークを兼ねた調査研究をしながら収集した教科書に加えて、団体や個人から寄贈された教科書も多数ある。

国定教科書約六〇〇冊、台湾・朝鮮・「満洲」、そして中国などアジア各地の教科書が約三〇〇冊、個人の家庭に所蔵されていた明治期などの寄贈教科書約六〇〇冊、復刻版の教科書約六〇〇冊、「家永教科書裁判」支援大阪地区連絡協議会から寄贈された教科書約四〇〇〇冊、戦後の教科書約五〇〇冊などである。

教育は国民化の重要な装置だが、なかでも教科書は教師と並んでその果たす役割は大きい。教科書の歴史は日本では一五〇年近くになるが、国公立をふくめて時代的、量的、地域的にこれだけの教科書をそろえているところはなく、日本の近現代史が教科書を通じてつかめるという意味でも貴重な研究所である。

韓国、フィリピン、台湾、タイ、ベトナム、中国などアジアの教科書は、日本の侵略、植民地支配、戦争をどう捉えているかを知るために吉岡がとくに力を入れて集めてきた。教科書総合研究所は、吉岡の父が朝鮮と「満洲国」で侵略と支配にかかわったことから、「自責と贖罪の思いをこめて」退職金を投じて設立した私設の「平和人権子どもセンター」からはじまった。

一九九七年四月にオープンした「平和人権子どもセンター」（のちに教科書資料館併設）は、吉岡の思いに共鳴した市民に支えられ、一〇年間活動をつづけた。この間、吉岡は一年一回のテーマを決めて、パネル展示を中心に企画展をしてきた。吉岡がフィールドワークをして調査、撮影した資料や写真などでつくったパネル（A1かA2サイズ）を少なくても二四枚用意し、要望地の会場へ運び、パネル展と合わせた講演（吉岡は「出前展示」「出前講演」と名づけた）をしてきた。ほとんどが小中学校や市民団体などで、出前講話だけで一〇年間で六〇二回にも上った。

一〇回に上った企画展のテーマを追っていくと、「平和人権子どもセンター」が何を伝えようとしてきたかがわかる。「毒ガス大阪展・中国侵略歴史パネル展・沖縄歴史パネル展」「伝えよう沖縄の心展」「アジアの教科書展」「近代日本の歩みをみるアジアの教科書展」「アジアの平和・博物館パネル展」「教科書が語る二〇世紀巡回展」（これは広島県内六カ所、松山、大阪、京都など二一府県）「東アジアの平和人権資料展」「堺歴史発見ウオッチング展」「ヒロシマ・ナガサキ・オオサカウォッチングパネル展」「韓国ソウル・済州島ウォッチングパネル展」「満洲・香港・マカオ・シンガポール・堺戦争展」などで、学校の授業では語られない、触れられないテーマがほとんどである。

「日本がアジアの人びとの人権を踏みにじってきたことを学校教育の中で教えられなかった反

省があるからです」。吉岡には三六年間の教員としての反省があり、それも「平和人権子どもセンター」設立の一つの理由だった。

企画展以外に作成したパネルやファイルもかなりある。沖縄戦跡パネル、台湾戦跡パネル、「満洲」と内地の教科書比較検証パネル、日の丸・君が代歴史パネル、「靖国」の記述検証ファイル、教科書における女性差別の記述パネル、教科書の中の運動会の記述パネルなどで、企画展用のパネルを合わせると吉岡の作成したパネル類は三二種で二〇〇〇枚近くにもなる。教科書に関係したものだけではなく、幅広く、できるかぎり多くを記録として残し、パネル化するからどんどん増えていく。「パネルをつくることが楽しくて」と吉岡は大きな目を細める。

ほかにファイル化された資料が一〇六冊のアルバムに収められてある。パネルもファイルも教科書関係が目立つのは、吉岡が「侵略と戦争遂行に教科書の果たした役割が大きい」と認識しているからだ。

平和ミュージアムの一つである「平和人権子どもセンター」の特徴は、来館者を待つのではなく、依頼されれば吉岡が出かけて行き、パネルなど見せて語る〈行動する平和ミュージアム〉だった。「話をするときには、決して押しつけにならないように、見聞きする子どもたちが自分で考えてもらうようにしてきました」。

もう一つの特徴は、吉岡が自分で調べ、自分で撮った写真しか使わない、話もフィールドワークと体験を中心にしてきたところである。国内だけでなくアジア各地にカメラとテープレコーダーを持って出かけ、その回数は二〇〇七年までに東アジアだけで四〇回以上になる。

出前展示だけでなく、センターにあるパネル、資料、教科書などを見に来て、そこで吉岡の話を聞きたいと希望する人たちも多く、〇七年三月に教科書総合研究所へ移行するまでに延べ二万三〇〇〇人が来館した。

平和や戦争関係の公的ミュージアムは、九〇年代後半から右派の自虐史観攻撃にさらされ、近代日本が行った侵略・植民地支配の史実から目を背け、内向きの悲しみや苦しみへシフトした展示や語りが中心になっていった。それでも個人やNPO法人などが設立・運営する小さな私設の平和ミュージアムの奮闘はつづいている。なかでも「侵略と植民地支配の史実を次世代にきちっと伝えること」を柱にした吉岡のつくった〈行動する平和ミュージアム〉の「平和人権子どもセンター」の活動は際立っていた。

教科書総合研究所へ移行してからも吉岡は、センター時代に作成した膨大なパネルやファイルを、収集した教科書と同じように希望者が活用できるようにしている。ときには出前展示や出前講話にも応じていた。こうした活動の歴史を知ると、教科書総合研究所は「平和人権子どもセンター」が生みだしたと言えるだろう。

吉岡はいくつもテーマを持って活動してきたが、その一つは「侵略、植民地支配、戦争に果たした教科書の役割を明らかにすること」である。教科書総合研究所ではそのために、収集した膨大な教科書の目録作成、解題、月一回の月報「教科書が語る戦争」の発信をしている。月報は二〇二一年三月で一九七号になる。八四号までは、二女で教育学者の北島順子の論文「近代教科書にみる身体文化の思想」などとともに『教科書が語る戦争』に収載し、出版した（大阪公立大学共同出版会、二〇一五）。

二〇一九年三月には大連外国語大学日本語学院主催の第一回日本殖民教育研究国際学術シンポジウムに北島とともに招かれて参加した。これが吉岡の東アジア五〇回目のフィールドワークの旅であった。彼女はその折りに大連大学に中国で調査研究した資料ファイル二八冊のコピーを寄贈している。今年（二〇二一年）八九歳になる吉岡は今も教科書や資料を読み解き、パネルをつくり、月報を書きつづけている。そんな現在をいろんな資料がひしめく研究所の二階で吉岡は眼をくりくりさせながら、熱い口調で、かつ猛烈な勢いで語るのである。

侵略・植民地支配・戦争の史実を伝え、さらに教科書の果たした歴史を次世代に残すことを自らに課してきた吉岡の営みの熱源は、父母をふくむ自分史が深くかかわっている。

一九五一年春、小学生のころから教員志望だった岡田（旧姓）数子は京都学芸大学に入学した。日本は占領下にあったが、日教組が「教え子を再び戦場に送るな」の運動を開始し、南北分断をもたらした朝鮮戦争のさ中で、すでに前年には自衛隊につながる警察予備隊が発足していた。戦争責任追及のための公職追放はどんどん解除され、九月には対日平和条約と日米安保条約の調印、旧特高警察関係者三三六人の追放も解除されるなど現在につながる戦後の右傾化が一段と進んだ。

そのころの岡田はしかし、戦後政治や社会の変化にはあまり関心はなかったようで、家庭教師のアルバイトをしながら、高校時代からやっていたテニスをつづけ、さらにはダンス、仕舞、鼓、茶道、華道など精力的に趣味に打ちこむ女学生だった。

そんなある日である。入寮していた女子寮の「露草寮」の寮監室で岡田は小学校五年生までいた「満洲」時代の話を聞いてくれた寮の相談役をしていた地学の教員から、敗戦前の授業で教えられていた「国史」とはまるで違う話を聞かされた。

「それは、日本は武力によって朝鮮を手に入れ、中国の東北地方の満洲を支配し、他国の民衆を踏みつけにしてきたというような話でした。朝鮮で生まれ、五歳で『満洲』へ移った私の生い立ちがそういう歴史の中にあったのかとはじめて知ってびっくりしました。それから私は図書館へ行って少しずつ調べだしたのです。たしか井上清先生の本なんかを読んだのは卒業近いころだったと憶えます。寮の相談役の先生の話は、その後の私の歩みに大きな示唆を与えてくれました」

岡田数子は相談役の教員から思いもよらずに聞いた話が、自分にとってののっぴきならない問題をつきつけられたように思った。それがきっかけで図書館で関連書を読むうちに、「そういえば」と幼いころふと耳にしたことばや情景のいくつかが断片的に記憶の闇の中から立ち上がってくるのだった。

四歳のころだったろうか、遊んでいた家―それは朝鮮総督府の高級官僚の官舎だったのだが―の庭の桜の樹の下で、そばにいた少女が数子に何度もつぶやくように言った。「ここは私の家だった、ここは私の家だった」と。幼い数子にはそれがどういう意味だかわからなかった。

「たしか一二歳くらいだった」少女は岡田の家族の「使用人」で、名前は「アイ」と言った。数子はその後も何度か少女から「ここは私の家だった」ということばを聞かされる。家には以前からいた「ハイ」と呼んでいた、「アイ」と同じぐらいの歳の少年がいた。左手首に何かの傷のあった彼は父の書生の役もしていたようで、数子は親しんでいた。

　数子の父、岡田義宏は愛媛県温泉郡土居町（現・松山市）の出身で一九一八年に東京帝国大学農学部を卒業し、香川県農事試験場長などを経て、二七年四月に朝鮮総督府の平安南道（ピョンアンナムド）知事官房の農務課長になる。五年後の三二年四月に咸鏡南道（ハムギョンナムド）の内務部農務課長へ転任し、数子はその年の八月に咸鏡南道（ハムギョンナムド）の咸興（ハムフン）で生まれた。その後義宏は三五年七月に農務課長のまま全羅北道（チョルラブクド）へ転勤し、花園町と言われたところにあった官舎に住む。数子はこの官舎で五歳になるまで過ごす。

　義宏の経歴などは数子が後年、父の出身地の郷土史を読み、また訪韓の際の調査などで知ったのだが、彼女が五歳直前までいた官舎については「庭には池が三つもあった」記憶が鮮明に残っている。それだけ大きな邸宅だったのだ。「アイさんが、ここは私の家だった」とつぶやいたのはこの官舎であった。それがじつは両班（ヤンバン）の家で、「アイさんはその家の娘さんだったと知ったのは、九〇年代の訪韓の折り」で、すでに「平和人権子どもセンター」の活動をはじめていたころになる。吉岡は幼少のころの記憶をまさぐっては、それに肉づけする作業も忘れない。

「アイさんとハイさんは二人だけのときは、当時の私にはわからないことばで話していて、私たちが近づいたりすると話さなくなるんです。それが当時、朝鮮人が使うことを禁じられていた朝鮮語だとはまったく知りませんでした。ずっとあとになって知って恥ずかしくて、申し訳なくて。私は朝鮮で生まれて五年もいたのに朝鮮語ができないのです。植民地支配の中で育った子だったことを、私が象徴しているんですね」。吉岡は数十年後に知った事実と幼いころのことを重ね合わせてため息をつき、小さかったとしてもと自らを責めるのである。

総督府の全羅北道（チョルラブクド）の農務課長をしていた高級農務官僚の岡田義宏の一家が「満洲」の新京特別市（現・長春）へ引っ越したのは、関東軍が中国東北部を武力で略奪し、「満洲国」を建国した五年後で、日中戦争の起きた直後の一九三七年八月末である。「アイさんもハイさんも一緒でした」。

義宏は設立されたばかりの国策会社の満州拓殖公社（満拓）の新京支社長兼参事になっての転出だった。他国の領土内に一つの国家を打ちたてるという途方もない狼藉を働いた日本帝国であったが、広田弘毅内閣は関東軍の立案に基づいて「満洲百万戸移住」計画を発表し、国民の「満洲」開拓熱が一気に高まっていく。満拓は日本人の開拓移住者のために中国人の土地を略奪に近い形で買い叩いて収奪するための国策会社だったが、子どもの数子はそんな事実は知らない。

新京での数子たちの住まいは満拓の官舎で、その記憶もある。「純日本風の大きな屋敷でした。庭へつづくサンルームがあり、赤レンガの高い塀には有刺鉄線が張りめぐらされていました」。

数子はこの満拓官舎から日本人幼稚園と日本人小学校（桜木尋常小学校、四一年在満桜木国民学校）へ通う。

「私の家には中国人の料理人が通いで来ていたのですが、その人には私と同じぐらいの子どもがいました。でも学校には行っていません。不思議に思って母に訊いたのですが、教えてくれませんでした。それでずいぶんあとで知ったことですが、新京特別市に日本人子弟のための学校をつくるので中国人の学校がいくつもつぶされたと聞きました」。子どものころのかすかな記憶とのちに知った事実を重ねると、数子は自分史と植民地支配がからみつく、ただならない負の歴史と向きあわねばならなくなる。

わたしは吉岡のくりかえす「自責」の話を聞きながら、ふと一〇年ほど前にある雑誌に掲載されていた「満洲」で暮らした女性の投書を思い出した。それは、『戦争と性』（第29号、二〇一〇）に掲載されていた「満洲に関する読者の声」であった。何とその女性は四〇年秋から二年間、数子と同じ新京の桜木尋常小学校に在籍していたのである。数子の二学年下だが同窓生である。彼女の父は内務官僚で満蒙青年開拓団の募集事務を担当し、旧拓務省へ出向し、一家で「満洲」へ転勤したとある。投稿した、当時七四歳の女性は「在満少国民だった私」という原稿の末尾をこう結んでいた。

「こどもながらにアジアへの加害者として他国に住んだ経験は、恥ずかしいことだった。（中略）幼いながらも侵略者の一人として『満洲』に住んだ事実を忘れてはならないと思っている」

吉岡と同じ思いを持った女性がいたのである。しかし吉岡はその思いを「自責」として具体的に向きあっていく。

「アイさんとハイさんについて私や家族との関係で思い出すことがいくつもあるんですよ」

岡田義宏が新京からハルビンへ転勤して間もない一九四三年五月二五日のことだった。義弘は満拓の社員と松花江へ釣りに行った。途中で雨が降ってきたために小屋に避難した。そこに雷が落ち、彼は感電死した。思わぬ事故であった。父の死後、家の中から「ハイさん」の姿が見えなくなった。不思議に思った数子は母に訊いた。

「ハイさんはどうしたの？」

「いないよ」

「いつ帰って来るの？」

「帰って来ないよ」

「どうして？」

「だって、もう馬も猟犬もいらないから」

父は乗馬や猟の趣味を持ち、「ハイさん」が馬や猟犬の係だった。当時の数子には馬も猟犬もいらないということと「ハイさん」の不在がつながらなかったので、どうしてと重ねて母に訊くと、母は「何でそんなことを訊くの」と、数子の疑問をシャットアウトしてしまった。

「私はその後もなぜハイさんがいないのかを毎日のように母に訊いたんです。ハイさんがいなくなったことがとても大変なことだと思ったからなんです」

少女だった数子は疑問に思ったことにいつまでもこだわった。これは彼女のトータルな生き方をつらぬいてあるようだ。しかしそれっきり「ハイさん」は、戻ってこなかった。父の突然の死で「ハイさん」は「ご用済み」、つまり解雇されたのである。

「当時の私は、母への不信のほうが強かったのですが、史実を知るようになってハイさんは切られてしまったのだとわかって、ああこれは植民地支配にかかわった親とその子である自分と無縁ではないと思うようになりました。時がたつほどハイさんの解雇のことが私を責める問題としてどんどん大きくなっていったのです」

岡田義宏が幹部であった「満拓」はどんなことをしていたのか。それを語る中国農民の証言はとても多い。満洲国最高検察庁がまとめた数多くの記録から一つだけ引いてみる。

「匪賊ハ金品ヲ掠奪スルモ土地迄ハ奪ハス　満拓ハ農民ノ生ノ基タル土地ヲ強制買収スル　土地ヲ失フハ農民トシテ最モ苦痛トスル処ナリ」（「満洲国開拓地犯罪概要」『近代民衆の記録6満州移民』より）

農学の専門家だった岡田が朝鮮や「満洲」で農民の土地収奪にかかわったことに、本人が納得していなかったことを示すメモのような記録があったのを数子はのちに知る。「こんなことをしていてはいけない。日本へ帰りたい。子どもたちにもこんな生活をさせてはいけない。辞表を出したい」。とすれば彼は土地収奪の意味を知り、良心の呵責に苦しんでいたのかもしれない。それでも高級農務官僚として、また満拓の幹部として日本帝国主義の侵略と植民地支配に荷担した事実は消えない。それが娘の吉岡数子を苛むのである。

父の死によって岡田一家は義宏の故郷の松山へ帰ることになる。一九四四年八月末、ハルビンの在満白梅国民学校六年生だった数子は弟や妹らと一緒に母に連れられて「帰国」の途に就く。植民地で生まれ育った子どもたちにとっては帰国ではなく、初めての日本行きである。

「帰国」に際して弟の面倒を見ていた「アイさん」もハルビン駅まで一緒だった。数子はてっきり「アイさん」も一緒に日本へ行くと思っていた。「アイさん」もそのつもりだった。弟を抱いて駅まで来た「アイさん」は「私も一緒に行きたい」と母に泣いて懇願した。母はしかし「そんな無理を言ってもダメ」とにべなく言って、弟を「アイさん」から引き離した。泣いて訴える「アイさん」に母はこうも言うのだった。「行けるはずがないでしょ。だってあなたは朝鮮人なんだから」。

数子はビックリした。「そのときまで私は、アイさんが朝鮮人とは知らなかったんですから」。数子らと「アイさん」とは、ハルビン駅頭での別れが永久の離別になってしまった。

一二歳になったばかりの数子にとって「アイさん」にかかわる出来事も「ハイさん」のことと同じで、そのときは母への不信だけだった。それが、大学の寮での話をきっかけに日本の侵略・植民地支配と、父母をふくめた自分史に結びつけて考えるようになり、教員生活を経て「子どもであっても責任があると考えるようになったのです」。

「平和人権子どもセンター」をつくってから吉岡は、くりかえし「アイさん」「ハイさん」のことをさまざまなところで語り、書きつづける。それは、吉岡数子の「自責の念」と、それを少しでも贖おうと思うからである。

敗戦一年前に「帰国」した数子は、松山の国民学校に転入学する。そこで彼女は同じ学校の子どもたちから思いもよらない非難のことばを投げつけられる。「非国民！」。彼女は教育勅語もすらすらと言えた。歴代の天皇の名前も諳んじることができた。十分に「天皇の国」の少女だった。それなのになぜ非国民？

「満洲へ行こう、大陸へ行こう」の国策で開拓移民が奨励され、国内では「満洲」は行くところと喧伝されていた。「ですから満洲から帰ってくるなんてあかん。国に逆らっている」。数子はそう批判されたのだ。

「満洲移住計画」は数子ら一家が松山へ「帰郷」した四四年夏には、戦争の帰趨はほとんど決していたことも重なってすでに頓挫しつつあったが、地方ではまだ「満洲移住」の潮流はつづいていたようだ。「でも私には非国民はいつまでも残る嫌なことばでした」。

のちのことだが、敗戦前の「帰国」は、「非国民」という自分への批判のレベルではない、より深刻な問題を数子に突きつける。それは、日中国交回復後の七〇年代にやっと光が当たるようになる中国残留孤児・残留女性の問題だった。

「父が急死して帰国していなければ、私も残留孤児になっていた可能性があったのです。じっさい、白梅国民学校の同窓生は半分ぐらい日本に戻れていないのですから」。家族全員が無事に、しかもアルバムなど身の回り品も持ち帰れ、残留孤児にならなかった「幸運」は、数子を苛み、それも「自責」となる。「ハイさん、アイさん」のこととは異なる重い荷物を、著しく責任感の強い彼女はまた一つ背負うのである。

松山での生活は三カ月で終わり、数子たちは四四年暮れに母方の祖母が住む香川県・小豆島へ引っ越した。空襲を避けるための「縁故疎開」であった。数子は島の草壁国民学校六年に編入する。この年四校目の学校だった。翌四五年春、数子は小豆島高等女学校に入学するが、学び舎は海軍の特攻基地になっていて、授業はなく、農作業を手伝う農業動員に明け暮れる。八月一五日は祖父宅で天皇の放送を聞いた。

「意味はよくわからなかったのですが、日露戦争に将校で従軍した祖父は敗戦や終戦とは言わず、日本は敗けることはない、作戦の途中なんやというような説明していたのを覚えています。でも警戒警報が出るたびに防空壕に逃げこむことはその日からなくなりました。それが大きな変化で、戦争が敗戦で終わったことをそれで知りました」

九月、敗戦で海軍が去った女学校で、二学期がはじまってまもなく、その後の数子の進む道を決定づける衝撃的な「事件」に出遭う。その日、やっと勉強ができると登校した子どもたちに担任はこう言った。

「明日は国民学校六年生のときに使った教科書を持って来るように。修身、国史、地理、それに国語も」

もう国民学校高等科は卒業しているのになぜと数子は思ったが、翌日には言われたとおりの教科書をかばんに入れて登校した。授業がはじまってすぐに書道の専門だった担任はこう言った。

「これから言うとおりに教科書に墨をぬってもらう。まず墨をすって。最初は初等科修身四にぬる。全文だ」

えっ、数子は仰天した。教科書に墨をぬる、信じられない。あまりのことに質問も発せられない。全員黙ったまま硯の墨を懸命にすって、教科書の一行ごとに黒い線を引いていった。まるで自分の身体を切りつけていくようだった。

全文を墨でぬるのは大変な作業だった。どれぐらいの時間がかかったかわからないが、ようやく終わると、担任は命じた。

「はい次、初等科国史。これも全文」

ついこの間まで女学校受験のために全文丸暗記させられたのに何で？　疑問が胸いっぱいになり、爆発する寸前までふくらんだ。でも口が縛られたように動かない。硯の墨をする腕も痛くなり、自然に手が鈍り、遅くなる。

「墨をするのが遅い！」

担任の大きな声が教室に響く。敗戦後だが、教師は戦中のままだった。墨ぬりは時間がかかり、翌日もつづいた。「初等科地理下」も全文真っ黒。大事にした教科書が黒くぬりつぶされてしまった。無惨で悲しくなった。数子は不意に、気に入っていた「満洲の教科書はどうなっているのだろう」と思った。むろん「満洲国」はとうに崩壊していたのだが。

「初等科国語」は、「間違ったところを消す」と担任はその個所を指示した。

「岡田、今日はどうしてそんな怖い顔をしているのだ」。いつの間にか数子は担任を睨んでいたようだ。彼女は級長に命じられたばかりだったから、担任は注目していたのだろう。「学校民主主義」はまだ届いておらず、級長も副級長も担任が命じた。

二日間にわたった教科書の墨ぬりで、「神国日本」「聖戦」「八紘一宇」などは真っ黒な墨の下に隠された。担任はしかし、なぜ墨塗りをするのかについて子どもたちに一言も説明をしなかった。これが数子にはいまだに許せず、わたしに墨ぬり被害について話すことばも声も怒りで尖った。

一年生は四クラスか五クラスあったが、墨ぬりをさせられたのは数子のクラスだけだった。なぜそうだったのかは、現在もナゾのままである。

教科書の「墨ぬり」は教育史上の前代未聞の奇怪な「事件」だが、すでに多くの研究があるのでごく簡単に触れておく。「墨ぬり」は政府機関で行われた機密資料の焼却と通底しているところがあり、GHQの教育の戦争責任追及から逃れるために行った当時の文部省の指示によっていた。マッカサーが厚木に到着する二日前の八月二八日に文部次官から地方長官（現知事）と各学校長宛てに教科書や教材などの取り扱いに注意するよう指示が出された。次いで米軍が東京に進駐した一週間後の九月一五日に、文部省は「国体護持」を柱にした「新日本建設の基本方針」を出し、そのなかで教科書の訂正削除する部分を後日指示すると述べていた。

具体的に文部次官名で全国の地方長官に全部または部分的に削除する個所、取り扱いに注意すべき個所を例示して指示したのは九月二〇日である。削除方針は「国防軍備などを強調せる教材」「戦意昂揚に関する教材」「国際の和親を妨ぐる虞ある教材」などを対象にし、具体例として国民学校後期用国語教科書に掲載のいくつかの教材を挙げ、全教科については追って知らせると記されていた（『近代日本教育制度史料第二五巻』講談社ほか）。

この文書には「墨ぬり」のことばは使われていないが、現場では「墨ぬり」や鋏での切り取り、また上からの紙貼りなどがあった。

「教科書の墨塗りの、そもそもの発想というのは、例の機密書類の焼却と似通ったところがあった。……米軍の目から、教科書のなかの軍国主義的なところを事前に隠してしまおうというのがねらい」と、当時の文部省青少年教育課長だった久保田藤麿が証言している（『教育のあゆみ』読売新聞社）。

「墨ぬり」は、吉岡の記憶では二学期がはじまってすぐのようだったが、都道府県経由で各学校に削除の具体的な通知が届くのは早くても九月二〇日よりあとである。香川県には一〇月八日に届いた（吉田裕久『戦後初期国語教科書史研究』風間書房）。小豆島高等女学校の担任が独自に「墨ぬり」を子どもたちに指示することは考えにくいから、数子のクラスの「墨ぬり」は一〇月初旬だろう。

「墨ぬり」はしかし、かなりのばらつきがあった。わたしは吉岡と同世代の人に訊いてみたところ、記憶がない、してないという人がかなりいた。吉岡はまた当時はクラスの誰かと「墨ぬり」について話した覚えはないが、のちに同窓会で「墨ぬり」の話になった折りに「日本の良さを消さされて嫌やったねえ」いう感想を聞いて驚いた。しかし彼女は先生を睨みつけるほど「墨ぬり」に激しい抵抗感を持った。

「私は教科書に墨をぬるというそれ自体が許せないと子ども心に思いました。しかも一言の理由も説明せず、ただ間違っているから墨をぬらせるなんて先生のすることではないと思いました。昨日まで丸暗記させた教科書ですよ。私は軍国少女、皇国少女になり切っていたと思いますが、それが間違っていたというならどこがどう間違っていたのかを教師として私たちに説明すべきです。今から思っても先生を睨んでいたのは私の抵抗感のぎりぎりの表現だったと思います」

一三歳の数子はこのとき、「理由なき墨ぬり」をさせた教師への不信感を抱いたが、彼女はそこから逆に「私は絶対に墨ぬりさせない教師になろう」と決意したという。「神国日本」を信じていた皇国少女がそれを否定された衝撃よりも教師への不信の裏返しの決意をするのだから、烈々たる一三歳の少女だった。「墨ぬり」は吉岡の大きな原点になった。

数子は「満洲国」での最初の桜木尋常小学校一年生の担任「山下先生」と出あい、のちに吉岡が理想とする総合学習の実践者だった山下の自由な発想に魅せられて将来は先生になろうと小さな胸に畳みこんだと明かす。だから「山下先生」ならこんなことは絶対にさせないだろうと想像したという。

「墨ぬり」への数子の怒り、不信は後知恵からきたのではない。

その年一二月、二学期の終わりにもらった通知表「修學の栞」を開いて数子は驚いた。扉の頁に「校訓　翼賛報国」「宣誓　大御心を奉戴し御国の為に儘くします」とあり、隣の頁の「修學の目標」には「教育に関する勅語、青年学徒に賜りたる勅語、宣戦布告の大詔、の御趣旨を奉戴し、皇国の現状に思を致し、左の目標に向って行ぜよ。上御一人の御為に、日本婦人としての徳を養ひ、身体を錬るを信条とせよ」と敗戦前のままであった。さらに次頁の「生徒心得」には「毎朝宮城並びに伊勢神宮に対して禮拝をなすべし」「靖國の家の前を通るときは會釋をなすべし」などと記されてあったからだ。

数子はたまらず担任に訊く。

「先生、墨ぬりをしたのに何で「修學の栞」はずっと使うのですか?」

すると担任は、何でそんなことを訊くんやと怪訝な顔で、

「校訓は変わらない!級長が何を言ってるんだ!」

と岡田数子を大声で叱るのだった。痛いところを衝かれて怒ったのだろう。数子は二年生の担任にも、「修学の栞」がそのままだったので、しつこく同じ質問をしたが納得できる答えは得ら

れなかった。結局、三年間「修學の栞」はそのままだった。この間に現憲法が公布、施行されたのだが。「墨ぬり」から「修學の栞」までの数子の一貫した言動は、「皇国少女」にはなり切れなかった少女の姿でもあり、戦後の彼女の原型を見るようだ。

数子は憲法改正が政治問題になっていた一九五五年に大阪市内の小学校の教員になり、六〇年に「山下先生を彷彿させる」同じ職場の吉岡康登（やすのり）と結婚する。高校時代も五五年に卒業した学芸大学時代も授業では日本の侵略、植民地支配などについてはまったく教えられず、学ぶ機会もなかった。わずかに「露草寮」で聞いた話をきっかけに関係書を読んだにすぎなかった。教員になってからも父が朝鮮や「満洲」で何をしたのかを丹念に調べる時間がほとんどなかった。

七〇年代だったと記憶するが、ある年の同和教育研究集会に参加したときに侵略にかかわる報告を聞いた。「日本は朝鮮を植民地にし、農民の農地を略奪し、産米増殖計画で朝鮮の農民が米を食べられない状況に追いこんだ」などという実態をはじめてくわしく聞いた。これを契機に、再び父の仕事が何だったのかを調べねばと思い、「アイさんとハイさん」のことも考えるようになった。

八五年からは中国や韓国へ侵略と植民地支配の実態をフィールドワークする調査の旅に行くようになり、そうした中で総督府の高級農務官僚だった父・岡田義宏はその知識を生かし、朝鮮の肥沃な農地を見極める役割を果たし、「満洲」では土地を収奪するための満拓のトップに近いところにいたこともあって、しばしば関東軍将校らと打合せをしていたことも思い出されてきた。もはや父の侵略・植民地支配の責任は隠しようもないと確信する。

では娘の私には責任はないのか？　第三者のように史実だけを調べるだけでいいのか？　植民地朝鮮では元両班の住宅を奪い、そこの娘さん「アイさん」を使用人にし、池が三つもあった豪邸で私は育った。中国の東北部の大地を奪って関東軍がつくった傀儡国家で、父は日本人入植・開拓のために中国人の土地を入手するのに協力した。その豪華な官舎で暮らし、暖房設備やプールのある日本人だけの学校へ行き、日本では受けられない自由な教育を受け、成長した。朝鮮と「満洲」に合わせて一二年も暮らしていたのに、朝鮮語も中国語も出来ないのはなぜ。父の死で、即刻朝鮮人の書生の「ハイさん」を解雇して平然としていた母。同級生より一年早く帰り、置き去りにされず生きてこられた――そんな私の自責は数えきれない。

父の責任は子どもであっても引き受けなければならない。吉岡はいつしかそう思うようになる。さらに近代日本の東アジア侵略の旅を重ねるうちに自責は贖罪を伴わなければならないと思う。

何をすればいいのか。何ができるのか。それが「平和人権子どもセンター」へと結像していった。そこを拠点にして子どもたちに二度と同じことをくり返させないために史実を伝えたい。教科書に墨をぬりたくるような奇怪なことがあってはならないし、そのような教育をさせてはならない。吉岡数子はこうして史実を徹底的に調査し、自らの体験を重ねて語る活動をしていくというところにたどりついたのだった。

「じつは、退職する前に夫と話して残留孤児や残留女性が日本に戻ってきて、肉親を探したり、仕事を探す際に集える拠点を構想したのです。敗戦一年前に帰ってきて生き延びてしまった自責の念からでした。でもそれは、孤児や女性たちは日本に帰って暮らすことがどれだけ難しいことなのかという実情を無視した思い上がりだったと気づかされたのです」

定年一年前の五九歳で退職し約四〇〇〇万円の退職金で買える物件を探した。『朝日新聞』の広告で購入した物件は彼女の退職金では足りず、夫の支援を受けた。

「平和人権子どもセンター」の一〇年間は民衆史に残る目覚ましい活動をしてきた。研究者でもない、ジャーナリストでもない吉岡がせいいっぱい歩き、調べ、つくり、語り、書いてきた。吉岡は自らに課した「自責と贖罪」を果たしてきた。本人も納得しているだろう、とわたしは思っていた。

「いえ、ぜんぜん。道半ばです」。どうして？「侵略や植民地支配の史実を伝え残すことに限りはありません。宿題がいっぱいあって、それは生涯背負っていかねばならないと思っています」。たとえばフルネームも歳も知らないままに離別してしまった「アイさん」「ハイさん」の消息を訪韓、訪中するたびに尋ねるのだが杳として知れないからだ。自責が残り、贖罪が果たせていないと。

二〇二〇年八月、吉岡は『遺書ファイル』というドキッとするようなタイトルの記録をつくった。八八年の自分史とフィールドワークの記録などを、四八〇点以上の資料と三二三点の写真のコピーを組みこんだ、A四判三〇〇頁を超える大部な資料集のような冊子である。『遺書ファイル』は、吉岡の「自責と贖罪」をぎゅうぎゅうに詰めこんだ記憶と体験と資料からなる物語とも言えるが、決して読みやすくはない。

『遺書ファイル』には、吉岡の新しい発見が語られてある。同書の末尾のほうで吉岡は、神戸大学教員の長志珠絵（おさしずえ）の示唆で朝鮮と「満洲」で暮らした四カ所の住居の見取り図について書いている。吉岡は家族が住んだ朝鮮総督府の出先の二カ所の地方官舎と満拓時代の新京とハルビンの二つの官舎の間取りを詳細に明らかにしたのである。「満洲」から松山へ戻ってくる際に持って来たわずかな写真を頼りに、記憶の映写機を巻き戻すようにして官舎の間取りを数日で書き上げたのだ。

『遺書ファイル』には図面はないが、四つの官舎の間取りについて文字で説明している。「池が三つもあった」という全州の官舎は――。

台所が三つ、トイレや浴室はもちろん、暗室のある写真部屋、茶室、応接間、子ども部屋、プレイルーム、父の書斎、母の部屋、客用和室、客用寝室と衣裳部屋、アイさんの部屋、ハイさんの部屋、外には馬小屋、猟犬部屋、山羊小屋などと。たしかに大邸宅だった。

吉岡は『遺書ファイル』には載せられなかった間取りを図面にして描いていた。去年八月に研究所を訪ねた折りに見せてくれた。「建物から見た植民地支配の実相」となっているが、「住まいから見た植民地支配の実相」のほうがふさわしいのではないか。それはともかく五歳になる前の幼子の記憶を掘り起こした。吉岡の侵略と植民地支配に自分史がかかわっていることをとことん追究していこうという執念に、あらためて圧倒される。

「まだまだやらねばならないことがいっぱいあるんです」。吉岡は真顔でこう言うが、決して誇張ではない。

吉岡は最近、学生時代にアルバイトへ行く途中で聞いた、当時立命館大学の総長だった末川博の話を思い出すことがある。

「卒業間近だったと思いますが、立命館大学の構内で話されていた末川さんは憲法第九条の戦争放棄とは、じつは過去の戦争についてきちっと明らかにすることだと言われていたんです」

そうすると吉岡の「自責と贖罪」の思いからはじめた日本の侵略と植民地支配の実相を加害者の子どもとして、自分史に引きつけて検証しつづけた活動は、憲法の示している道を自然に歩いてきたことになる。

『遺書ファイル』の末尾で、教科書総合研究所の共同主宰者の北島が母の貴重な営みと体験を継承する決意を記している。

「母の数子が収集した膨大な教科書と歩いて集めた記録や資料、そして貴重な体験記録を学術的にまとめて、後世に残さなくてはいけないと思いました」

母の吉岡数子はしかしまだ現役である。膨大な教科書の目録づくり、解題、そして毎月の報告を精力的につづけているのだから。吉岡の「自責と贖罪」の旅にゴールはない。

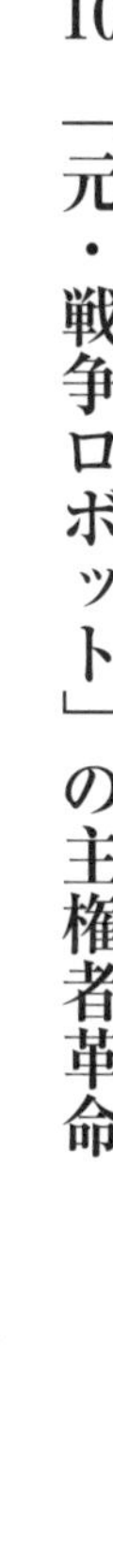

10 「元・戦争ロボット」の主権者革命

原田奈翁雄さん

撮影：著者

日本の近現代史に残る「事件」は、長崎からの一本の電話ではじまった。
一九八八年の暮れ近くである。

――私、長崎放送の記者でCと言います。早速ですが、原田さん、本島市長の発言ご存知ですよね。天皇に戦争責任はあると言った。市長のあの発言に、毎日電話や手紙などものすごい反響があって、激しい非難もありますが、よく言ってくれたという感謝や励ましもあります。とにかく殺到しているんです。本島市長は毎日送られてくる手紙やはがきにすべて目を通して、これは歴史の証言だから、記録に留めておくべきだと言われています。原田さんのところで本にできますか?

Cと名乗った長崎放送の女性記者はこんな趣旨を話して、さらにこうつけ加えた。

――本島市長は市政記者クラブの朝日新聞記者に打診したら、とんでもないと断られたので、どこか記録に残してくれるところはないだろうかと相談されたんです。そういう本は径書房しか出せませんと、言いました。どうでしょう?

「出します! やります!」

電話を受けた径書房社長の原田奈翁雄はその瞬間に、もう熱く燃え上がっていた。女性記者は人間存在や社会のあり方を問いつづける本を出していた径書房の読者だったにちがいないが、原田には『戦争と新聞』(北海道新聞労働組合、一九八四)の読者として記憶されていた。

この年九月一九日、天皇裕仁が吹上御所で吐血、重体になってから、戦後社会は民主主義や主権者意識を戦前に返したかのように一気に縮んでしまった。巷では自粛が自粛を呼び、天皇の病気の平癒祈願が三〇〇万人にも達した。むろん天皇の戦争責任を問う声はあったが、自粛の大嵐にかき消されたかのようで、原田はたまらない思いであった。自粛で天皇の戦争責任問題が吹き飛んでしまったことが耐えがたく、「お聞きください、陛下」と題する一文を一一月一四日に一気に書き上げ、天皇の戦争責任を正面から問うたばかりだった。

一二月七日、長崎市定例市議会で共産党議員の柴田朴から天皇の戦争責任についてどう思うかと質ねられた市長の本島等は、ぼそぼそとした口調でこう答弁した。

「戦後四十三年たって、あの戦争が何であったかという反省は十分できたと思います。外国のいろいろな記述を見ましても、日本の歴史をずっと、歴史家の記述を見ましても、私が実際に軍隊生活を行い、とくに、軍隊の教育に関係いたしておりましたが、そういう面から、天皇の戦争責任はあると私は思います。

しかし、日本人の大多数と連合国側の意思によって、それが免れて、新しい憲法の象徴になった。そこで、私どももその線に従ってやっていかなければならないと、そういうふうに私は解釈をいたしておるところであります」

答弁なので文脈がやや乱れがちだったが、マスメディアは、自らが逃げていた天皇の戦争責任問題で「天皇の戦争責任はある」と述べた市長答弁に仮託するかのように大きく伝えた。本島の発言に「自粛社会」は、ビンの蓋が取れたように反応した。翌八日から市長への発言撤回要求から異論、反論、賛成、激励など電話、電報、手紙、はがき、それに右翼団体の街宣車などが市長のところへ激流となって押し寄せた。市役所はるつぼと化したかのようだった。

本島は届けられたさまざまな反響を現代史の記録だと受け止め、Cに持ちかけたのだった。原田は具体的な反響の中身に接していたわけではないが、本島が現代史の証言と捉えたというだけで十分な気がした。原田には、天皇と天皇の戦争責任について沈黙していた人びとが本島発言で、一斉にことばを発しだしたこと自体が、戦後史の、いや日本の近現代史の大「事件」に思われたのだった。それに半世紀近いキャリアを持つ、優れた編集者の原田の勘も反応した。《よしっ、やろう》

径書房の本を手にしたことも、また原田のことも知らなかったろうが、本島は長崎放送の記者から聞いて、すぐに原田に電話をかけてきた。

「Cさんからうかがったが、出してくれますか？」

「もちろんお出しします」

電話のあと、原田は長崎へ飛んだ。「変な言い方ですが、私の心は弾んで空を飛んでいました」。原田はすでに手紙などの内容を見る前から、どういう形の本にするか構想を決めていた。《市長発言への反対や賛成は問題ではない。いっぽうに肩入れしたり、逆に貶めたりはしない。そうでないと昭和史の証言にならない。天皇と天皇の戦争責任について市民の肉声が一気に噴き出したことはかつて一度もなかったのだから、ありのまま掲載する》市役所で市長にその考え、方針を伝えると、本島も異論はなかった。出版は本島と径書房編集部共編にすることも決まった。

市長の発言から一週間ほどで電話、電報、手紙、はがきなど反響は九〇〇件にも達していた。多くは市長発言を支持していたが、批判の声も大きくなり「長崎日の丸会」が会長の本島を解任、自民党県連が本島の県連顧問を解任し市長在任中は市政協力せずと言明し、また右翼団体の抗議活動は日ごとに大きくなり、二一日には全国から八五台が集結し、長崎市内は騒然とした状態になった。市長はしかし「（発言の）撤回は私（政治家生命）の死を意味する」と述べ、「私の発言で市民に多大な影響を与えたが、言論の自由は守らなければならない重要なもの」と市民に理解を求めるコメントを出した。

だが本島の後援会が心配した。これ以上、刺激すれば大変なことになるからと市長に出版の中止を求めた。本島は原田に相談した。再び原田は長崎へ飛んだ。一九八八年の暮れも押し詰まってきた。

原田、市長、後援会幹部の三者が同席して話し合った。原田は「右翼の声や立場も、脅迫などの暴力的なものは別にして、きちんと掲載する。本のつくりも、たとえば表から見れば賛成、裏から見れば反対という本にする手もあります」と後援会を説得した。本島は「後援会の皆様の気持ちもわかりますが、私としては、これはこの時代に生きた人びとの生の証言なので、やはり本にして出すべきだと思います」と初心変わらずの思いを語った。「そこまで市長が言うなら」と、最後は後援会も消極的ながら了承した。

東京都千代田区三崎町の影山ビル一階の径書房の忘年会が開かれたのは一二月三〇日だった。径書房の忘年会は毎年、原田を入れて三人の社員と読者とが一緒にやってきた。原田は三〇人ほどが参加したこの年の忘年会で、市長発言への反響を集めた本を出版すると伝え、協力を要請した。

「三人の体制では、物理的に不可能でした。何よりこの証言集は読者と共につくる、つまり手紙を出した人びとと読者が一緒に歴史に参加して記録をつくる、残すという本にしたいと思ったからです」。出版人の原田はもともと読者と共にある本づくりを目指してきたが、読者がじっさいに制作に参加することを提案したのだ。原田の熱い思いは、その場で大きな拍手で迎えられた。天皇の重体とすさまじい自粛、それへの市民の異議、反対運動、天皇の戦争責任を問う運動の広がりのなかでの一九八八年の径書房の忘年会は、昂揚と緊張の「ちょっと異様な雰囲気でした」。

原田は市長に送られてきた手紙類を三人の読者が読み回し、そのうち二人が「〇」を付けたら、最後に原田が読んで可否を決めることにした。選ぶ基準は一つだけで、本島発言への賛否ではなく、書き手の人生と生き方が見える内容かどうかだった。

しかし年が明けても長崎からは、待てども暮らせども手紙などが送られて来ない。八九年一月七日、天皇裕仁が死去した。天皇の問題も、その戦争責任についても後世代の課題として残された。しかし長崎からは何の連絡もなかった。「じりじりするような思いでじっと待っていました」。

大きな段ボール三箱が届いたのは二月一五日で、以後どんどん送られてきて、手紙の総計はわずか二カ月という短時日で七三二三通に上った。それから昼夜をたがわず、影山ビルは三〇人前後の熱気で爆ぜるような毎日がつづいた。掲載の決まった手紙などについては無記名を除いてすべて著作権のある書信の送り主に了解を求める手紙を書き送った。この時点で原田は、本の構成は本島の許に届いた順に掲載することにし、了解が得られた順から印刷所へ入れていき、早くも校正などすべての作業が終わって、三月末に出版できる状態になった。想像を超えた、すさまじい本づくりであった。「一カ月たらずでしたが、じつに楽しかった」。三〇年以上前の日々が目の前にくり広げられているかのように原田は眼鏡の奥の目を細くするのだった。

三月一一日、原田は協力者、本島後援会、最初に提案した長崎放送の記者、書信の公開を承諾した人びとへの感謝のことばなどを記した「編集を終えて」を書き上げ、共編者の市長の許へファックスを送った。「編集を終えて」が届いたころを見はからって原田は、深夜に影山ビル近くの公衆電話から市長公舎にダイヤルした。原田がもしもしと言った途端、本島はぼそっと告げた。

「原田さん、申しわけないが、出版を延期して下さい」

えっ！まさか……どうして……本島は何か説明していたが、原田には聞こえなかった。とにかく翌日、社からもう一度電話をすると言って切った。ショックが消えぬまま翌日、朝一番で市長公舎に電話を入れた。実弾が二度も送られてきた、警備が強化されて、トイレへ行くにも三人の警官がついてくる……原田はもう長崎へ行くしかないと、翌一三日三度び長崎へ飛んだ。

生命の危険を感じて、家人がとても神経質になっている、警察官が市長室に常駐して仕事ができず、市政も滞っている――。「事態が落ち着くまで待ってほしい」。本島はこう言うのだった。「わかりました。命にかかわることを強制はできません。しばらく中断しましょう」。出版の自由が暴力に屈することになるのかと、ふとそんな思いが頭をかすめたが、命には代えられない。それにこの証言集は本島も共編者である。原田は断腸の思いで市長室から、固唾を呑んで待っていた編集部に電話をして、印刷会社に中断の連絡を頼んだ。

本島の心配は杞憂ではなく、その後市庁舎に銃弾が撃ち込まれた。原田はさらに迷った。編集部で議論し、参加した読者とも相談したが、結論が出なかった。事実を伏せたままの出版延期は断じて良くない。むしろ事実を明らかにするほうがいいと思いはじめた矢先、朝日新聞から取材が入った。

四月五日付けの各紙の夕刊に刊行中断の記事が大きく報じられた。暴力で出版の自由が侵されている事実が報じられたのである。それはそれで良かったが、では刊行直前の証言記録はどうなるのか。幻にしては、出版社も暴力に屈したことになる。断じてそれはできない。どうするか。『朝日』記事の末尾で本島は「私の出番は終わった」と語っていた。本島は共編者から降りたのである。「本島さんの談話を読んで、これは本島さんからのメッセージだと私は思いました。あとは原田さんに頼みましたよ、と」。

再び出版に向けての歯車が回り出した。いったん掲載を了解してくれた二六〇人の書簡の主にことの顚末を伝え、改めて掲載の許可お願いの手紙を出した。二一六人から掲載同意の返信があった。

予定より一カ月半ほど遅れて五月一五日『長崎市長への七三〇〇通の手紙　天皇の戦争責任をめぐって』が出版された。原田の配慮で、公刊書籍の奥付にあるべき印刷、製本の社名は外された。出版が報じられて以後、径書房にさまざまな脅迫があったからだ。ただ刊行後、本島からは何の反応もなかったという。「身を引かねばならなかったことに本島さんは複雑な思い、あるいは寂しさがあったかもしれませんね」。原田は、今は亡き本島の胸中を察した。

同書はわずか一カ月で六刷り、三万六千部に達した。ところが同書は六刷りで絶版になった。掲載書簡の一通の内容に対して部落解放同盟から「解放同盟とその運動に誤解を与え、被差別部落に対する差別と偏見を助長、拡大する」という抗議があり、「増刷するものについては、本書より削除」するよう求められたのである。ここでも言論、表現の自由にかかわる深刻な問題が生じた。

原田は解放同盟と話し合った結果、問題の手紙を掲載したうえで、くわしい顚末と解放同盟中央本部からの出版社への批判もふくむ主張を載せた増補版を出した。「解放同盟からの抗議を受けて絶版にし、そのままにしないでその顚末と解放同盟の主張をきちんと読者に紹介した増補版を出せたのは良かったと今でも思っています」。

『長崎市長への七三〇〇通の手紙』は、天皇に戦争責任があると明言した本島の発言をきっかけに、七三〇〇人を超える人びとがそれぞれの生に引きつけて、「昭和」という時代と格闘するように本音で語った証言記録になった。天皇についてかくも多くの人びとが肉声で語ったことは、日本の近現代史上かつてなかった。その声を本島は現代史の証言だと受けとめ、原田はそれをはじめて市民の参加で記録として、さまざまな困難を突き抜けてつくった。天皇にからむ言論、表現、出版の自由を獲得していくうえでも風穴を開ける「闘い」でもあった。

そんな歴史的な書である『長崎市長への七三〇〇通の手紙』は、どの公共図書館でも所蔵されていると思っていた。だが残念だが、そうでもなかった。原田にそう伝えると、「うーん、そうですか――」と言ったきりであった。

長崎市長本島等は一九九〇年一月一八日、市庁舎前で右翼団体員に狙撃され胸部貫通の大けがをした。原田はその一報に接して思った。「ああ、やっぱり。天皇について語ることがこの国では、いかにタブーなのか。そういうタブーをなくしたい、なくさねばならないという思いで出したのですが……」。

原田はそのおぞましい事件から、「平成から令和」への代替わりの状況などにまで射程を延ばしていま、胸塞がれる思いがしている。

「たしかにあの本をめぐる一連の出来事は現代史に残る事件と言えるでしょう。でも、その効果は持続しなかった。主権者になりかけた人びとはまた巣ごもりをして、黙ってしまったかのように僕には思えるのです」

透明のデスクアクリル板越しの原田の目は昏い。では「事件」は、戦後史に一瞬咲いた徒花だったのか。でも、あれからまだ五〇年もたっていないのだとわたしはつぶやく。

「僕は戦争以外何も知らない子どもでした」という原田は、一九二七年に東京・池袋で七人きょうだいの四男として生まれた。両親はともに長野県・伊那谷の出身で、酪農家だったが大手乳業企業に押されて立ち行かなくなり、関東大震災後の二三年に上京し、父は教科書会社の倉庫係に職を得て、戦後まで勤め上げた。

池袋第六小学校に入学したときから「ずっと戦争ばかりで、戦争オンリーでした」。原田にはそんな記憶しかない。日中戦争で南京陥落の報が子どもの耳にも届き、彼も提灯行列に参加して「勝った!勝った!」と大喜びした。花電車が走って、バンザイ、バンザイで、一〇歳の少年は「戦争を体感した。僕は子どものころから燃えていました」。九〇歳を超えた原田だが、語り口にも熱気がはらんでいる。「植民地や『満洲国』のことですか? そんなこと何の疑問も持ちませんでした」。原田がさらに燃えたのは一九四一年一二月八日の朝だった。

「それまでずっと戦争がつづいて、子ども心にも何か重苦しかったのですが、鬼畜米英と正面からぶつかって、やったーと叫びましたよ。天がはじけて一気に拡がったようでした。米英への憎しみを持っていましたし、戦争への疑問なんてかけらもありませんでした」。このとき一四歳、中学生だった。

「両親はふつうの庶民で、家には神棚があって、天皇・皇后の写真も飾ってありました。僕もふつうの子だと思っていました」。原田少年は小学校時代から、米英を憎み、天皇を神と思い、「天皇の赤子」として忠誠を誓っていた。教育はもとより、社会でも家庭でもそれが当たり前だった。

原田は自分たちの世代は特異だという。次兄は一九二二年生まれだから本島等と同年である。「兄たちは映画を観、ミルクホールへ行き、ギターを弾いてね。大正デモクラシーの残滓のなかで育って、とにかく自由でした。五歳のちがいはとても大きいんですよ。僕らは『天皇の赤子』として戦争をするために純粋培養されたんです」

戦争をするために生まれ、育てられていたから、戦場に行かずとも、戦争をしている気分の毎日だった。中学二年のときに予科練の受験資格ができたので、受けようとしたら、視力が両目とも〇・四でダメだとわかった。「目を治したくて、毎晩星空を眺めていました。何とかして戦争に行きたかったから。戦争で死ぬのが当たり前だと思っていましたからとても悔しかった。クラスで志願した奴がいて、羨ましかった」。

原田のような少年を「皇国少年」「軍国少年」ということが多い。原田も数年前まで自らをそう呼んできた。でも育った時代と社会を凝視するようになった最近、「皇国少年」や「軍国少年」ではなく、「完全に人工的に戦争をするためのロボットに仕立て上げられたんだと思うようになりました。とにかく僕は戦争で死ぬことしか考えていなかったのですから。ロボットとしか言いようがないんです。皇国少年なら、人間です。少年なんですから」。うーむ。少年なら我に還れるが、ロボットは心がないから気づきようがないと原田は言いたいのだ。

そんな「戦争ロボット」は、「8・15」でどうしたのだろう。空襲で家を焼失していた原田一家は、西武池袋線の東長崎駅近くの母の親戚の家を借りて住んでいた。敗戦を告げる天皇の放送を隣家のラジオで聞いた。

「どんな声かと思ったら、甲高くてやはり人並みの声には思えなかった。内容は何を言っているのか頭に入ってこないんですね。耐え難きを耐え、忍び難きを忍びということばが入ってくるので、何だろう、変だなとは思ったんですが、でも負けたとは思いませんでした。天皇の放送のあとで、解説があって、それでわかった。ひたすら悲しかった。親父や兄貴夫婦らと一緒に聞いていたのですが、みんな愕然としてことばもなかった」

このあと全員が昼の食事でおかゆをすすった。むろん原田もすすった。《ああ、こんな悲しいときにもオレはメシが食えるんだ》自分が訝しくさえ思った。しかし一八歳の少年原田は思い詰める。こんな結果になったのは、側近どもが悪いんだ、陛下は側近どもにたぶらかされて敗戦を受け入れたのだ、そんなものに従えるか、よしっ、オレは一人でも戦うぞ、それこそが陛下の真意なのだ……。

それしか道が見えなかった。大人たちが「承詔必謹」で天皇のことばに従ったことにも強烈な不信感を抱いた。連合国軍総司令官のマッカーサーと天皇が並んだ写真が九月二九日の『朝日新聞』の一面トップに出た。原田は辱められたと思った。何たる屈辱。ＧＨＱ当局がマッカーサーとの写真一枚で敗戦を見せつけ、天皇が神でないことを伝えようとしたメッセージも原田少年には届かない。天皇への疑いも芽生えなかった。「愚かそのものでした」と、自嘲する。

このあたりから彼は、陛下を騙して敗戦を受け入れさせたと思った君側の奸にではなく、思いをあらぬ方向へと走らせる。マッカーサーを殺せばこの戦争は勝つと思った。よしっ、テロリストになろう。原田はこの年春に中学校を卒業して明治大学予科へと進んでいたのだが、まだ「死ぬことしか考えていなかった」一途な少年の戦争は終わらない。

敗戦の年の晩秋、一一月三〇日付の『毎日新聞』二面の最下段に掲載された小さな広告に原田の目は釘付けになった。

「憂国　熱血の青年志士よ　来たりて絶叫せよ　一二月一日午前十時　宮城前広場　勤皇青年同盟」

一二月一日、原田は心を滾らせて宮城前で待った。そこで広告を出した勤皇青年同盟らしき人物を探したが見当たらない。彼の視界には九中時代の親友の龍野忠久の姿が飛びこんできた。ほかにもそれと思しき少年が数人いた。彼らも原田と同じ思いだった。彼らは勤皇青年同盟ふうの人物を待ったが、ついに現れなかった。広告を出した人物はＧＨＱに捕まったと、原田はのちに風のうわさで聞いた。

少年らはやむを得ず龍野の家に行き、殉皇菊水党を結成し、マッカーサーと天皇制打倒を掲げて再出発した日本共産党幹部の徳田球一を「殺ろう」と申し合わせ、各人が左手の小指をカミソリで切って血判状をつくった。あとはそれぞれが同志を集めようと散会した。

年末原田は、同志を集めようと両親の里の飯田へ行き、そこで原田は地元紙に広告を出したという。

「来り会して絶叫せよ　神国に帰一せよ　ああ国破れ世は混沌たり、今日の様黙視する能はず、吾等は天皇絶対の信仰に徹し、天皇と臣民父子の間を割かむとする思想匪を身を以て砕かむ　一月三日午後一時　長姫神社境内にて待つ　殉皇菊水党信州連盟」。同じ文面のチラシを墨書してここそこの電柱にべたべた貼った。新聞に出した広告としてはあまりに長く、これは原田の記憶ちがいかもしれない。

一月三日、長姫神社に二〇人ほどが参集した。そこで何をしようと決めたのか原田には記憶がない。むろん記録もメモもない。「おそらく志を同じくしてやろうぐらいのことを誓いあったのだと思います」。

数日後、原田は実家で長野から来たＭＰに捕まり、ジープで連行されて一晩、長野のホテルに泊められ、翌日尋問された。何を訊かれたか憶えはないが、天皇は神だと言い張る原田に、尋問した女性将校が呆れて、すぐ釈放された。すでに天皇の「神格否定」の詔書が元日に出ていたが、原田にはまったく覚えがない。

その後も原田の天皇観や戦争観には変化はなかったが、身の回りの激変は否応なく戦争が「終わっていること」をじわじわと感じさせていく。殉皇菊水党で申し合せたテロリストとしてマッカーサーや徳田を「殺る」も誰一人として動いた者はいなかった。彼らは一二月一日に一回会っただけであった。

原田が明大予科二年に進んだ四六年二月、天皇はGHQの了解を得て「人間天皇」と「国民の天皇」をアピールするために神奈川県から全国を回る旅に出る（「全国巡幸」）が、それも「まったく記憶にありません」。

後年、原田と親友の龍野忠久（一九九三年没）が交わした往復書簡集『死ぬことしか知らなかったボクたち』（径書房）に興味深い写真が二枚掲載されてある。一枚は、原田や辰野ら少年たちが背広姿の天皇の前で頭を垂れている写真で、他の一枚は宮内省（現・宮内庁）職員と一緒の記念写真だ。四六年五月、空襲などで荒れた皇居内の清掃奉仕であった。「清掃奉仕は菊水党の唯一の行動でした」と原田は照れたように顔を歪めた。清掃奉仕には天皇はねぎらいのことばをかけるが、原田らが頭を下げているのは、その瞬間なのだろう。天皇が眼前に立って、ことばをかけてもまだ「神天皇」観は揺らがなかったのでしょうかと、思わず訊くわたしに原田は「うーん…でしょうね」と大きく笑い声を立てた。龍野と共著書のなかでは「ありがたくて目がつぶれると思った」と書いていた。宮内省職員との記念撮影の写真*からは、直立不動の眼鏡をかけた学生服姿の原田の生真面目さがうかがえる。だが皇居清掃奉仕を境に原田にも変化が生じる。「占領軍の指導でつくられたラジオ番組の〈真相はかうだ〉はよく聞いていました。日本はこんなひどいことを中国でやった、南京大虐殺、強姦、略奪、ミッドウエー海戦は日本の大敗北とか、最初は腹を立てて聞いていたのですが、満洲国警察官と結婚した姉から中国での日本軍の暴虐行為の断片を聞いたことを思い出して、だんだん神国日本の像が崩れていったんですね」。そうすると、テロリストであることが苦しくなって殉皇菊水党からも去っていかざるを得なくなった。同時に「神天皇」観も「天皇の赤子」も次第に薄れていった。そこからが大変だった。

「戦争で死ぬことしか考えていなかった」原田は、拠ってたつところを失ってしまった。自分という主体がなかったことに気づくと、精神が崩れ、抜け殻のようになり、生きていることが辛く、苦しく、こんどは「戦争で」ではなく、「ただ死ぬしかない」と崖っぷちに追い詰められてしまった。原田は「死に場所を求めて」漂流する。

四六年一一月三日に、国民主権、戦争放棄、基本的人権、象徴天皇制を規定した現憲法が公布される。原田はそれも全く憶えがない。眼前で新しくなった憲法に原田は気づかなかった。「僕は、自分のことにしか目が向いていなかったんです。社会的関心はなく、憲法は当時の僕の意識のなかにはぜんぜん入ってきませんでした」。それぐらい原田は彷徨っていた。

漂いながらも原田は四七年春、明大予科から本科の大学政経学部へ進む。原田自身にもわからないのだが、彼のどこかに「生」を求める芽が吹いていたのだろうか。ある日原田は、大学の掲示板に北海道網走中・高等学校の半年間の講師募集の貼り紙を見て、すぐに応募した。死に場所を探していたが、「いっぽうでウジウジした気分もあって、それに決着をつけるための網走行きでした」。

四七年九月から原田は網走中・高等学校の先生になった。まだ二十歳の彼が二つか三つしかちがわない少年たちに社会科の授業を受け持った。教師は三〇人ほどいたが、職員室では誰とも話さなかった。寡黙ではなく、緘黙だった。「原田先生は、いつ人と話すんですか」と他の先生から訊かれたこともあったが、それにも笑って応えるだけだった。ただ生徒たちにはべらべら話し、なかには原田のいた寮に遊びにくる生徒もいた。

網走は二月になると流氷のシーズンである。ある日曜日、寮に遊びに来ていた一人の生徒が流氷見物に連れていってくれた。生徒と一緒に部厚い氷の上を歩いていたときだった。一瞬片足を滑らせて氷の穴にはまってしまった。そのまま滑り落ちたらもちろん終わりである。原田は咄嗟に手を伸ばし、中学生に助けを求めた――崖っぷちにいた原田の身体が、いや精神が生を求めた瞬間だった。「死ぬことしか考えなかった」原田が「戦争ロボット」から、突然目が覚めたように人間へとでんぐり返った。生きよう。だがそれは、自身の生の基盤を発見し、獲得したわけではない――。

大学に戻った原田は政経学部から文学部へ転部した。四八年四月である。「それから僕は翻訳本を手当たり次第に読み漁りました」。なぜ、どのように生きるのかの模索の旅だった。

四八年五月ごろ、原田は大学のキャンパスで共産党の大衆雑誌『大衆クラブ』(三月号)を読んでいた。そのなかに「蕗のとう」と題する民話のような小説が掲載されていた。謳うような語り、詩のような語りの物語に原田は一気に引きこまれた。書き手は、山代巴といった。作品は広島・三次刑務所に囚われていた山代が、隣の房の女性放火犯がささやくように歌っていた子守歌「蕗のとうはとおになる」にこめられた農婦の一生を、土の臭いや日本の近代の姿を織りこんで詩情豊かに描いていた。

原田は地しばりのようなこの作品を書いた山代の名は知らなかった。小説の冒頭で原田は仰天した。淡々と記されていた山代の戦時中の生に。山代は戦争反対の運動をつづけ、治安維持法違反によって四二年に懲役四年の刑で三次刑務所に送られた。「天皇の赤子」として「戦争で死ぬことしか考えていなかった」自分と同じ時代に、自らの決断でその生を決めて歩んで、戦争に反対していた人がいたとは。自分が恥ずかしかった。

「日本の大人のなかにも戦争に反対して、捕まって、しかも山代さんの夫の山代吉宗さんも獄死した。そんな主体的な人たちが日本にいたことを、山代さんのこの小説を読むまで知りませんでした。大発見でした。山代さんの小説は僕を引き上げてくれました。この作品の舞台は備後ですが、虐げられた近代の女性の生に戦争がかぶさっていることも伝えていました」

山代は一九一二年生まれで、原田より一五歳上だった。それ以後、原田は山代が書いた作品を逐いつづけ、山代の底流に流れている反戦とその運動への自己批判、農村部で押しつぶされそうに生きる女性への愛情にぐいぐい魅かれていく。山代は彷徨える原田に生きるうえで眩しいほど生への光を射してくれたのだった。この年、原田はもう一つ大きな出あいをする。

原田は芸術にはほとんど関心がなかった。それなのに上野の美術館で開かれていたヨーロッパ美術の名作を集めた泰西美術展を観に行った。模索の旅のなかだったのだろう。秋だったと憶える。その展覧会で原田は一体の女性の裸像に吸い込まれていくような感覚にとらわれる。両腕で胸を抱くように交差させ、頭を斜めにうつむけていた。恥ずかしさに身を抱えているのか、悔恨なのか、絶望の故なのか、生きていることへの羞恥か苦悶か——これこそ人間ではないか。裸像の前で原田は、何時間も立ちつくした。ロダンの「イブ」だった。さまよえる青年、原田にとって、人間としての存在を気づかせる出あいだった。山代作品と「イブ」——原田はようやく自らの生を、誰かに託すのではなく、自らが決めていく手がかりを得たようだ。

五二年春、明大を卒業した原田は出版社の筑摩書房に就職する。「とくに出版社を望んだわけではなかったのですが、背広を着て、ネクタイを締めて、デスクに座っているという仕事だけは不向きだと思っていました」。原田が入社した年の四月二八日、対日平和条約と日米安保条約が発効し、現在につながる政治体制が出来上がっていく。戦後日本は大きな曲がり角に差しかかっていた。三日後の五月一日、入社したての原田が本郷の筑摩書房から芝田村町へ社命で使いに出された、その帰りだった。その日が労働者の祭典のメーデーだったのを、社会的関心が希薄だった原田は知らなかった。

彼は都電の車内から皇居前で開かれたメーデーでデモ隊やそれを見ていた群衆が警官隊に追いまくられ、すさまじい暴力を振るわれる光景を目撃した。都電も立ち塞がれて動けない。彼は都電を下りて、警官隊、デモ隊、群衆の走り回る光景を追って走った。と、白衣の医者と数人の看護師が警官隊の警棒で殴られた怪我人の手当てに駆け寄ろうとした。ところが警官隊が医者たちを突き飛ばしてしまった。群衆が警官隊の仕打ちに抗議の声を投げつける。

原田が呆然として見ていると、大手町のほうから警官たちを満載した三台のトラックがサイレンを高鳴らせながら、近づいて来た。武装警官はトラックが完全にストップしないうちに、地上に飛び降りて「突っ込め!」「突っ込め!」と叫び声を上げ、警棒を振りかざしてデモ隊に襲いかかった。日比谷交差点付近だ。デモ隊は混乱に陥って逃げ惑う。それに襲いかかる警官たち。目を転じると、逃げていく一人のデモ隊の男を六、七人の警官が追いかけ、捕まえ、さらに加わった数十人の警官が警棒で素手の男を殴る、蹴るなどの暴行を加えつづけ、ほとんど虫の息になった男を放り出して「引き揚げろ!」の声で走り去った——原田はことばを失い、身体が震えた。

原田が目にしたのは、「血のメーデー事件」といわれた第二三回メーデーの一コマだった。

帰宅したその夜、原田は原稿用紙に向かってみたままを一気に書き上げた。一〇枚になった。それを原田は、果敢に政治に向って発言していた総合雑誌『世界』に投稿した。「黙ってはいられない」。原田の投稿原稿に世界編集部はこうタイトルをつけて七月号に掲載した。

「権力が平和を求める人びとをこん棒で殴りつける実体を、僕ははじめて眼前で見たのです。そのときに主権者、権力、人民などの観念が実体を伴って私のなかに入ってきました。憲法を意識するようになったのもメーデー事件がきっかけでした」。やっと自前で生きようとして社会に出た彼にとって「血のメーデー事件」の目撃は、自身の生が社会とつながっていることを気づかせたのである。

原田が筑摩書房に入って与えられた仕事の一つは、読者カードを読むことだった。当時は今とちがって本の感想などを記した読者からのカードは少なくなかった。「読者カードを読んでいくうちに、自分と同じように悩み、苦しみ、考えている人間が生きているんだと知りました。カードに書かれている小さい文字からその人の息吹きや感動がびんびん響いてくるんですよ。ああ、この人たちとなら自分も生きていかれるという感覚を与えてもらいました」。原田は読者という社会を知り、他者との共感というつながりを得た。読者と共に本をつくるという原田の原点は読者カードとの出あいにあった。

入社して間もなく原田は結成された労働組合に入り、いきなり執行委員になった。雑誌『展望』の編集長を務め、さまざまな本をつくり、編集局次長になり、役員にもなった。その歩みや組合経験などを重ねて原田は、自らの生は自らが決めるという、「戦争ロボット」だった彼にとっては、「革命的な」生きる思想を手にしていく。原田は転生したのである。「でも、まだ道半ばでした」。

ところが原田は本づくりが次第に辛くなってくる。「筑摩が経営破綻したのは一九七八年（その後再建）ですが、そのころ書店で棚を見るのが辛くてね。つくった本がどれほど役に立っているのか、虚しくなって。どの本も、読者に読め、読めと叫んで迫ってくるようで、息が詰まって苦しくなったんです。それで倒産を機にもうこの世界から足を洗おう決意しました」。

それでどうしようと？「筑豊でカレーライス屋をやろうと思ったんです」。ほう、筑豊でね。「上野英信さんの岩波新書『追われゆく鉱夫たち』を読んで炭鉱夫たちと差しで飲みながら話をしたいと思ったのです。それで柴田書店が出していたカレー店開業のテキスト本も読みました。一冊だけでしたが」。三つのときから父親に飲まされ、酒をくすりのように飲んできたというから炭鉱夫とも五分でやれたかもしれないが、カレー屋はどうだったか。

そんなある日山代巴から連絡があった。

「原田くん、私の本ね、あれ、あんたにやってもらうしかないよ」

山代の自伝的小説『囚われの女たち』（全一〇巻）はかなり前に筑摩で出版することが決まり、彼女はかなり書き進めていた。筑摩の倒産で、山代は旧知の武谷三男や久野収らに協力を頼んだが、どの出版社も全一〇巻という大作にしり込みしてしまった。「蕗のとう」で山代に傾倒した原田は筑摩入社後に文通をするようになり、実際に交流がはじまり、彼女の出世作の『荷車の歌』は五六年に原田の企画で筑摩書房から出版された。『荷車の歌』は映画、演劇にもなった。大作『囚われの女たち』はもちろん原田の企画であった。その山代から「原田くん…」と頼られたのである。引くわけにはいかない。

原田が山代の本をつくるために径書房を創業したのは一九八〇年だった。創業と同時に『囚われの女たち』の刊行がはじまり、予定通り全一〇巻が完結し、さらに第二期として全八巻も刊行された。合せて一八冊、一六年がかりの大仕事だった。原田が筑豊へ行っていたら、山代の仕事も『長崎市長への七三〇〇通の手紙』もどうなったかと思うと、原田の存在の大きさがわかる。山代は二〇〇四年に九二歳で亡くなった。

一九九五年、原田は径書房の代表を退いた。「今度こそ」と、本づくりを止めて庭いじりをはじめた。アメリカにも一カ月ほど滞在した。三年ほどしたころ、新しいパートナーの弁護士の金住典子(ふみこ)が提案した。

「雑誌を創らない?」と。原田は二つ返事で同意した。「やろうじゃないか」。彼はうずうずしていたのだ。苛立ってもいた。昭和天皇は戦争責任をとらないまま逝き、「国民」も過去に向き合わず、戦争責任に知らん顔の半兵衛、憲法九条があるのに世界有数の軍事費を出しつづけるインチキとそれを認めてしまっている無責任さに。そんな社会を変えるには私たち一人ひとりが変わらなければならない。それが原動力だ。何とかしたい――原田は径から離れて三年、そろそろ限界だった。七一歳になっていたが、炎(ほむら)立つ原田の前に齢は溶けてしまっていた。

一九九九年二月二五日付け『朝日新聞』夕刊が、社会面トップで原田と金住のふたりが個人誌

『ひとりから』を創刊すると報じた。

一九四三年に広島で生まれた金住は被爆者である。「私は人権の核心は自己決定権とずっと思いつづけてきましたので、それをテーマにした雑誌をつくりたいと原田に提案したのです」。一九七〇年に弁護士になってから金住は「女の人権と性」などのグループで活動してきたが、人権の核になる自己決定権がなかなか広がらない、深まらないので悩んでいた。金住は二〇二〇年九月に死去したアメリカ連邦最高裁判事のルース・ベイダー・ギンズバーグが、九三年の最高裁判事指名公聴会で、「子どもを産むかどうかは女性の生き方・幸福と尊厳にとって核心的な決断です。それはその女性本人が自ら決断すべきことなのです」と述べたことばに感動した。「あの感覚なんです。私が求めていたのは」。

金住のいう自己決定権という法的な概念は、「戦争ロボット」に仕立てられた原田が何十年も身を捩じらせ、苦悶してようやく獲得した、「自分の生き死には、国家ではなく自分が決める」の思想と哲学にぴったり重なった。だから誌名は『ひとりから』だった。「これは、雑誌を受け取った名宛人である、あなたなんですよとも言っているんです」と原田は補足した。

誌名にはサブタイトルがある。「対等なまなざしの世界をめざして」である。金住がぜひ、と主張して決まった。「社会は個と個の連帯ですが、個々の人びとの意識の底にあるまなざしが対等でなければ、人権の核心である自己決定権は確立できないと思うからです。平等は権利としての意味がありますが、対等は人間としての日常の生き方です。そのことが大事だという共感力が民主主義社会をつくっていくうえで非常に大切だと、私は思っているんです。とても難しいことなのですが」。傍で原田がうなずく。

『ひとりから』はジャーナリズムではなく、自己決定権を広め、確立するための運動誌の性格もあったと原田はいう。九九年三月に千部でスタートした『ひとりから』には大きな反響があり、すぐに増刷した。それから三年後に三刷りを出した。全国から手紙やはがきがどんどん届いた。人権、平和、戦争責任、戦後責任、経済成長、環境、沖縄、原発などの現状を憂い、批判するだけでなく、何とか変えたいという人びとの存在に二人は胸を熱くした。文章の巧拙ではなく、自身が生きてあることがわかる投書、投稿を掲載した。原田は『長崎市長への七三〇〇通の手紙』とは異なる手ごたえを感じた。人びとが表現の場を求めていたことも。

運動誌というように『ひとりから』は、「いまこそ主権者革命を！」と訴えつづけた。「私たちは主権者なのに、大事な問題で主権を行使したことがありません。たとえば自衛隊誕生から、それが増強、強大化されていく過程で主権者である私たちが主権を行使したことがありますか」。原田はわたしに問うように熱っぽく語る。憲法の根っこをさらう軍備創設と増強について主権者に直接聞かずに進められてきたことが我慢ならない、だから主権者として自己決定しよう、その歩みが「主権者革命」なのだと訴える。

そこで二〇〇六年の第三〇号から『ひとりから』は、憲法第九条の改憲反対の自主国民投票の呼びかけをはじめる。直接には第一次安倍晋三政権が改憲のための国民投票法を強引に成立させたことへの異議と「九条改憲はノー」の意見を、読者が示そうという呼びかけだった。これは「主権者革命」を訴えた読者への具体的な行動の提起でもあった。「黙っていれば、社会には伝わらない、意思表示をしなければ顕在化しません。形あるものにして訴える。それが自主投票の意味で、具体的に主権者が奪われていた主権を取り戻すことなんです」。

自主投票の呼びかけの六年後の二〇一二年四月に自民党が改憲草案を発表し、それが「壊憲草案」とわかり、原田と金住のふたりはいたたまれず新たに「日本国憲法の破壊を許さない主権者革命」の投票を読者に呼びかける。二つの投票の結果が二〇一五年一二月の第五八号で報告されている。自主国民投票には四四〇七名が、主権者革命には一二九一名が応じた。数の多寡ではもちろんない。『ひとりから』に「あなたはどうですか」と声をかけられた「私」が応答した事実が大きい。

『ひとりから』はこの第五八号で終刊になった。創刊のとき「三年かな、いや五年かなあ」と原田と金住は予想したが、何と一六年つづいた。原田は八五歳になっていた。「体力的に限界でしたが、一六年もつづけられたのは驚くべきことですよね」。他人事のように感心するが、じつに鮮やかな闘いだった。

原田は自分の生き死には自分が決める、権力などに断じて支配されないという生き方を獲得したが、それはじつは自分だけが獲得すればいいというのではなく、共有できなければ世界を変える力にはならないと思いいたった。それが『ひとりから』のもう一つの精神だったのだろう。

原田の闘いはしかし未完である。『ひとりから』の幕を下ろして五年後の二〇二〇年春、彼は『生涯編集者』（高文研）という自伝を出版した。「戦争と人間を見すえて」とサブタイトルにあるが、次世代へのメッセージである。そのとおり原田は行きつけの回転寿司屋で働いている孫のような世代の男子学生アルバイトに自著をプレゼントした。ここが原田らしい。

理系の大学に通っているという学生は本を読んで、三〇〇〇字ほどの感想を書き原田に手渡した。ほとんど読書経験のない彼は原田の自伝と向きあい、こう書いている。「安倍政権は九条を改正し、戦争を再び起こしても構わないという国にしようとしているという恐怖があります。『生涯編集者』における、実体験をもとにした文章を読むことで、本当の意味での、戦争の恐ろしさというものを痛感した」。さらにこの本を読んでいると、「戦争ロボット」にされた原田が「私のように生きないでくれ」と訴えている声が聞こえてきて、「原田さんの思いが、そして伝えたいことが「遺る」という確証を得ることができた」と。原田の思いは見事に次世代に手渡され、届いた。

それでも原田に終わりはない。

「私は闘いつづけますよ。今ね、あの戦争は何だったのかを問う原稿に向かっているんです」

＊

この二枚の写真は宮内省職員が撮影し、原田らに渡されたという。

あとがき

本書に登場する人びとは、世代の隔たりが大きい。五〇代初めから九〇代半ば近くまで、一世代以上の開きがある。当然だが、それぞれ時代体験も経験も大きく異なる。生きてきた道も生活や仕事の環境もちがう。そんな人びとの生の襞に目を凝らし、射程を伸ばすと、植民地支配をふくめた日本の行なった戦争が立ち上がってくる。

一〇人のだれ一人として戦場の体験はないが、それぞれがさまざまに戦争を背負っている姿が見えてくるのである。ずっと戦争と格闘している人、親の世代から戦争を引き継いでいる人、加害者だった戦争体験者と戦争を「共有」した戦後世代の人——戦争は過ぎ去らず、その影はじつに長く、濃い。

直接、間接に戦争を背負った一〇人の市民は、海の汚染に立ち向かい、食の安全を求め、戦争孤児として国家に抗い、日本の植民地支配がもたらした分断の歴史のなかで「無国籍」を貫いて生き、思想・良心の自由を抑圧する「日の丸・君が代」に職を賭して抗し、親の侵略責任を背負って贖罪の営みをつづけ、生活の場を移してまで日米合作の新基地建設に反対し、南京に通いつづけて戦争とその責任を受け継ぎ、一人の法曹として憲法を実践し、天皇のための死から脱して主権者として生きる――。市井の知識人というべきこの人びとは、戦後市民の希望の表象である。

一〇人の生の回廊を追ったわたしは、意識的ではなくても現憲法がこの人びとの生と闘いの背骨、あるいはたづきになっていることを気づかされた。戦後市民が戦争―敗戦によって生まれた憲法を生きて、鮮やかに闘っている。書名を「憲法を生きる」としたゆえんである。

現憲法は二〇二一年、誕生して七五年になる。戦後ずっと揺さぶられつづけている憲法だが、「市民の大地」にしっかりと根を下ろしている。それを一〇人の市民の物語が語っている。

去年の六月から約五カ月間、北海道から沖縄まで歩いた。新型コロナウイルスの猖獗というとても困難な環境のなか、お話を聴かせていただいた皆さまに、心からお礼を申し上げます。本当にありがとうございました。

取材の準備段階から多くの方がたにお世話になりました。お名前を記して感謝の意を表したいと思います（北の地から南への順。敬称を略させていただきました）。

相馬宏、桑畠保夫、安川誠二、荒井まり子、金住典子、石川逸子、島袋マカト陽子、池田一、川口満知子、松岡勲、徐翠珍、永井美由紀、北島順子、渡辺ひろ子、倉掛直樹、木村京子、大城逸子、「島ぐるみ・南風原」の皆さん。

＊　＊　＊

本書が、『ドキュメント昭和天皇　全八巻』を苦労して出版していただいた緑風出版の高須次郎さんの尽力で送り出されることになり、感慨無量です。厚く御礼申し上げます。

二〇二一年四月一日

[著者略歴]

田中伸尚（たなか　のぶまさ）

東京生まれ。ノンフィクション作家。『ドキュメント 憲法を獲得する人びと』（岩波書店）で第８回平和・協同ジャーナリスト基金賞。明治の大逆事件から100年後の遺族らを追ったノンフィクション『大逆事件　死と生の群像』（岩波書店、2018年岩波現代文庫）で第59回日本エッセイスト・クラブ賞。『飾らず、偽らず、欺かず　管野須賀子と伊藤野枝』『囚われた若き僧　峯尾節堂　未決の大逆事件と現代』『一粒の麦死して　弁護士森長英三郎の大逆事件』（いずれも岩波書店）、『靖国の戦後史』（岩波新書）、『いま，「靖国」を問う意味』（岩波ブックレット）、『行動する預言者　ある在日韓国人牧師崔昌華の生涯』『抵抗のモダンガール　作曲家吉田孝子』『未完の戦時下抵抗』（岩波書店）、『ドキュメント昭和天皇』全８巻（緑風出版）、『反忠　神坂哲の72万字』『天皇を巡る物語』『さよなら、「国民」』（いずれも一葉社）『これに増す悲しきことの何かあらん』（七ツ森書館）、『不服従の肖像』（樹花舎）など個人の自由と国家の関係を問う著書多数。

憲法(けんぽう)を生(い)きる人(ひと)びと

2021年5月3日　初版第1刷発行　　定価2400円＋税

著　者　田中�伸尚 ©
発行者　高須次郎
発行所　緑風出版
〒113-0033　東京都文京区本郷2-17-5　ツイン壱岐坂
［電話］03-3812-9420　［FAX］03-3812-7262［郵便振替］00100-9-30776
［E-mail］info@ryokufu.com［URL］http://www.ryokufu.com/

装　幀　斎藤あかね
制　作　R 企 画　　印　刷　中央精版印刷・巣鴨美術印刷
製　本　中央精版印刷　　用　紙　中央精版印刷・巣鴨美術印刷　E1200

Printed in Japan　　ISBN978-4-8461-2108-2　C0036